Histórias maravilhosas da espiritualidade

Este livro já teve outras edições com o título Aconteceu...

Histórias maravilhosas da espiritualidade
Copyright by © Petit Editora e Distribuidora Ltda. 2004-2023
14-10-23-50-28.400

Coordenação editorial: **Ronaldo A. Sperdutti**
Capa : **Flávio Machado e Júlia Machado**
Imagem da capa : **Vladimir Piskunov/iStockphoto.com**
Projeto gráfico e editoração: **Ricardo Brito/Designdolivro.com**
Impressão: **Renovagraf**

**Ficha catalográfica elaborada por
Lucilene Bernardes Longo – CRB-8/2082**

Carlos, Antônio (Espírito).
 Histórias maravilhosas da espiritualidade / contadas pelo Espírito Antônio Carlos; psicografado pela médium Vera Lúcia Marinzeck de Carvalho. – São Paulo : Petit, 2004.

ISBN 978-85-7253-095-8

 1. Espiritismo 2. Conto mediúnico I. Carvalho, Vera Lúcia Marinzeck de II. Título.

CDD: 133.9

Direitos autorais reservados.
É proibida a reprodução total ou parcial, de qualquer forma ou por qualquer meio, salvo com autorização da Editora.
(Lei nº 9.610, de 19 de fevereiro de 1998)
Traduções somente com autorização por escrito da Editora.
Impresso no Brasil.

Prezado(a) leitor(a),
Caso encontre neste livro alguma parte que acredita que vai interessar ou mesmo ajudar outras pessoas e decida distribuí-la por meio da internet ou outro meio, nunca deixe de mencionar a fonte, pois assim estará preservando os direitos do autor e, consequentemente, contribuindo para uma ótima divulgação do livro.

Histórias maravilhosas da espiritualidade

Contadas pelo Espírito
Antônio Carlos

Psicografado pela médium
Vera Lúcia Marinzeck de Carvalho

Av. Porto Ferreira, 1031 - Parque Iracema
CEP 15809-020 - Catanduva-SP
17 3531.4444 | 17 99777.7413
www.petit.com.br | petit@petit.com.br
www.boanova.net | boanova@boanova.net

Livros da médium
VERA LÚCIA MARINZECK DE CARVALHO

Da própria médium:
- Conforto Espiritual
- Conforto Espiritual 2

Psicografados:

Com o Espírito Antônio Carlos
- Reconciliação
- Cativos e Libertos
- Copos que Andam
- Filho Adotivo
- Reparando Erros de Vidas Passadas
- A Mansão da Pedra Torta
- Palco das Encarnações
- Histórias Maravilhosas da Espiritualidade
- Muitos São os Chamados
- Reflexos do Passado
- Aqueles Que Amam
- O Diário de Luizinho (infantil)
- Novamente Juntos
- A Casa do Penhasco
- O Mistério do Sobrado
- O Último Jantar
- O Jardim das Rosas
- O Sonâmbulo
- Sejamos Felizes
- O Céu Pode Esperar
- Por Que Comigo?
- A Gruta das Orquídeas
- O Castelo dos Sonhos
- O Ateu
- O Enigma da Fazenda

Com o Espírito Patrícia
- Violetas na Janela
- A Casa do Escritor
- O Voo da Gaivota

- Vivendo no Mundo dos Espíritos

Com o Espírito Rosângela
- Nós, os Jovens
- A Aventura de Rafael (infantil)
- Aborrecente, Não. Sou Adolescente!
- O Sonho de Patrícia (infantil)
- Ser ou Não Ser Adulto
- O Velho do Livro (infantil)
- O Difícil Caminho das Drogas
- Flores de Maria

Com o Espírito Jussara
- Cabocla
- Sonhos de Liberdade

Com espíritos diversos
- Valeu a Pena!
- O Que Encontrei do Outro Lado da Vida
- Deficiente Mental: Por Que Fui Um?
- Morri! E Agora?
- Ah, Se Eu Pudesse Voltar no Tempo!

Livros em outros idiomas
- Violets on the Window
- Violetas en la Ventana
- Violoj sur Fenestro
- Reconciliación
- Deficiente Mental: ¿Por Que Fui Uno?
- Viviendo en el Mundo de los Espíritus
- Fiori di Maria

Era do meu desejo dedicar esta obra aos meus amigos. Ao vir à minha mente a imagem deles, vi com alegria serem muitos. Tantos que a lista seria imensa. E eu os amo, quero-os de coração. Graças a Deus, tenho muitos amigos, desencarnados e encarnados.

E deles me valho em períodos difíceis, e nunca me têm faltado o calor de sua amizade e auxílio.

Assim, a todos aqueles que são recíprocos ao meu carinho, quero com ternura dedicar este livro.

Com muito amor

Vera

Sumário

1. A Encarnação Anterior de Taciana, 9
2. O Sinal de Nascença, 32
3. Quem me Matou?, 57
4. O Rapto, 64
5. O Pacto, 80
6. A Vingança, 85
7. O Casamento, 94
8. O Engano, 109
9. O Afogado, 119
10. Ajudando uma Família, 128
11. Aprendendo a Servir, 143

A Encarnação Anterior de Taciana

Taciana estava com dezessete anos e cursava o segundo ano do ensino médio. Estudava pela manhã e, à tarde, fazia todo o serviço de sua casa, porque a mãe, para ajudar nas despesas domésticas, trabalhava como diarista. Morava numa casa pequena e simples, num bairro residencial. Eram pobres. Taciana, como quase todos os jovens, sonhava em ter objetos caros, como boas roupas, e estudar em colégio particular. Era mais sonhadora do que interesseira. Possuía estatura média, cabelos e olhos castanhos, destacando o sorriso cativante e agradável.

Namorava Daniel, um rapaz que residia perto de sua casa. Ele também era pobre, estava com dezenove anos e cursava o terceiro ano do ensino médio à noite. Trabalhava como vendedor em uma loja de sapatos. Durante o dia, ainda fazia o serviço militar, o Tiro de Guerra. Honesto e trabalhador, Daniel gostava muito de Taciana. Mas não sobrava tempo para namorar, o que era motivo de muitas queixas da jovem.

– Taciana – disse sua mãe –, o açougue da avenida mudou de dono, vá lá e compre carne mais barata.

Taciana não gostava de fazer compras para casa, mas foi. Conheceu, então, o filho do dono do açougue, Aloísio, que a atendeu gentilmente e se encantou com ela. Taciana percebeu o interesse dele e o incentivou. Aloísio tinha vinte e três anos, trabalhava com o pai, que tinha outros açougues. Era alto, forte e um tanto gordo.

Taciana pela primeira vez não se aborreceu em ir fazer compras e começou a passar muitas vezes na frente do açougue. Sentiu satisfação com a atenção de um rapaz mais velho e bem de situação financeira. Durante a semana voltou mais vezes ao açougue, conversou com Aloísio e aceitou encontrar-se com ele à noite, na praça ali perto. Taciana foi ao encontro toda enfeitada e contente. Aloísio era educado, de conversa agradável e sentiu-se atraído por ela. Encontraram-se várias vezes. Taciana escondeu de Aloísio que tinha um namorado. Ela sentia que gostava de Daniel, porém Aloísio lhe pareceu uma aventura interessante. Também se sentiu atraída por ele.

Daniel soube dos encontros de Taciana com Aloísio e lhe pediu satisfação.

– Daniel – falou a mocinha –, só tenho conversado com Aloísio, não o estou namorando. Você é o culpado, quase não o vejo, não saímos nem parece que namoramos.

– A queixa de sempre – respondeu Daniel. – Você sabe que necessito estudar e trabalhar. Faço isso por você, para que nosso futuro possa ser melhor. Não é certo você conversar com outro, na praça.

– Daniel, quero terminar o namoro e ser livre para falar com quem eu quiser.

Discutiram por minutos e terminaram o namoro. Daniel ficou muito triste, entretanto tinha esperanças de reatar logo o relacionamento.

Taciana sentiu-se livre.

No outro dia, Aloísio pediu à Taciana que o encontrasse na praça às vinte horas. A garota prometeu ir e realmente antes das vinte horas lá estava ela esperando por ele. Aloísio chegou, sentou-se e disse:

– Taciana, hoje atrasamos nosso trabalho no açougue. Tenho ainda que fechar o estabelecimento e acertar o caixa. Vim avisá-la que voltarei ao açougue, mas não demoro; fecho e venho para conversarmos. Vai me esperar?

– Espero sim, fico aqui.

Taciana esperou por quase vinte minutos. Como Aloísio não voltava, resolveu ir encontrar-se com ele. O açougue ficava perto, a um quarteirão da praça. Achou a porta aberta, empurrou-a, não viu ninguém, estranhou e resolveu entrar.

– Aloísio! Aloísio! – chamou baixo.

Ninguém respondeu. Deu mais uns passos devagar, passou pelo balcão e viu Aloísio caído numa poça de sangue, com uma faca enfiada no peito. Entrou em pânico e, querendo ajudar sem saber como, tirou a faca, limpou o sangue na própria roupa e depois gritou desesperadamente.

Logo o açougue ficou cheio de gente. A polícia foi chamada e Taciana continuou a gritar até que desmaiou. A polícia levou-a para um hospital, onde só foi acalmada com medicação para dormir, porque voltou do desmaio gritando desesperada.

A polícia e a família de Aloísio tinham certeza de que Taciana cometera o crime. Falaram de tudo. Que Aloísio tentou agarrar Taciana e esta se defendeu. Que brigaram. Que Taciana o matou num ataque de loucura.

Taciana, no hospital, dormiu por vários dias. Até que finalmente acordou, observou curiosa onde estava, olhou as pessoas e percebeu que ao lado do seu leito havia outro, ocupado por uma senhora que a observava.

— Não vai gritar? — indagou a mulher.

— Eu?! — disse Taciana espantada.

— Sim, você acorda e grita, aí lhe dão uma injeção e você dorme de novo. Como se chama?

— Maria do Carmo.

— Ora, falaram-me que você se chama Taciana.

— Não, meu nome é Maria do Carmo. Não conheço ninguém chamada Taciana — falou convicta.

Acordou tranqüila, serena e disposta. Logo a enfermeira veio atendê-la. Estranhou o comportamento da paciente e também o fato de ela dizer que se chamava Maria do Carmo. Comunicou o fato ao médico de plantão, que logo veio vê-la.

— Caso de dupla personalidade — diagnosticou. — Não é nossa especialidade. Melhor que faça um tratamento especializado. Vamos mandá-la para um sanatório.

A família de Taciana ficou desesperada com o acontecimento. Os pais foram visitá-la, porém ela não os reconheceu e, com a ajuda do patrão do pai de Taciana, removeram-na para um sanatório. Taciana foi tranqüila, falava pouco, só insistia que se chamava Maria do Carmo.

A família de Aloísio não acreditou na possível doença de Taciana e pressionou a polícia. Um delegado foi visitá-la e estranhou o seu comportamento. A Justiça determinou que Taciana não poderia sair de lá sem autorização.

No sanatório, quem passou a cuidar de Taciana foi o doutor Cassiano, que lhe receitou muitos remédios.

No dia de visita, seus pais foram vê-la e Daniel os acompanhou. Para surpresa de todos, Taciana reconheceu o moço, porém o chamou de modo diferente.

– Mário Luiz! Que bom vê-lo! Que roupas estranhas são essas? Está engraçado!

Daniel não soube o que responder e preferiu indagar:
– Como está você? Está bem?
– Não sei, dizem que estou doente e num sanatório. O que é sanatório? Nunca ouvi falar.
– É um lugar onde os doentes são curados.
– Que tenho?
– Não sei.

Daniel inquietou-se e demonstrou que já ia embora. Taciana tentou segurá-lo.

– Mário Luiz, não vá! Não conheço ninguém neste lugar. Você é a primeira pessoa conhecida que vejo aqui. Sinto-me tão sozinha!
– Tenho que ir! Até logo! Volto em outro dia.
– Promete voltar?
– Voltarei.

Daniel saiu. A mãe de Taciana sofreu muito vendo a filha naquele estado e foi embora chorando. Taciana, porém, continuou tranqüila.

O sanatório em que Taciana estava internada, era dirigido por um grupo espírita, que se reunia no salão de visitas do sanatório, duas vezes por semana, para preces, estudo do Evangelho e passes. Os enfermos que quisessem participar, iam até o salão. Mas todos ali eram beneficiados com os trabalhos do grupo. Doutor Cassiano era de família espírita e dizia ser espírita, porém tinha muitas dúvidas. Ele e os dirigentes da casa se davam bem. Era amoroso com os pacientes e estes gostavam muito dele. Amava o que fazia.

Examinou Taciana e atestou que ela não estava fingindo e que necessitava ficar internada.

Daniel não se conformou em ver Taciana confusa daquele jeito. "Ela me chamou de Mário Luiz como se este fosse realmente meu nome. Que terá acontecido com ela?"

A avó de Daniel, dona Heloísa, era espírita. Freqüentava um centro espírita, era médium e passista. Daniel gostava do espiritismo, mas não freqüentava nenhum centro por falta de tempo. "Acho que vovó poderá nos ajudar" – pensou. Procurou a avó e contou-lhe todo o problema, finalizando:

– Vovó, por favor, tente ajudar Taciana, senão ou ela fica louca de vez ou vai para a prisão. Conheço-a muito bem, ela não está fingindo como julga a família de Aloísio. Dizem eles que ela inventou chamar-se Maria do Carmo para se inocentar. Mas, vovó, ela fala com muita certeza que se chama Maria do Carmo. Sinto que ela é inocente!

Dona Heloísa pediu ajuda aos trabalhadores espirituais do centro espírita. Um amigo meu desencarnado, Paulino, foi encarregado de ajudar Taciana. Ao ver-se diante de um caso raro e um tanto complicado, lembrou-se de mim e me procurou.

– Antônio Carlos, Taciana e Maria do Carmo são um enigma. Gostaria que o amigo me ajudasse no caso.

Trocamos idéias, interessei-me e foi um prazer unir-me a Paulino para tentarmos desvendar o mistério. Ao examinar Taciana, conclui:

— Paulino, esta menina, pelo choque que sofreu, esqueceu-se de sua existência atual e mergulhou no passado, em que se chamava Maria do Carmo, e quando conheceu Daniel como Mário Luiz.

— Isto é possível? Você quer dizer que, para ela, Taciana nunca existiu e que ela é Maria do Carmo, a personagem da encarnação passada?

— É isso mesmo, meu amigo. Pelo choque, ela recordou a encarnação passada e pelo medo, pelo pavor que teve, refugiou-se nessas lembranças e assumiu a personalidade anterior.

— Não sabia ser isto possível! — exclamou Paulino.

— É um fato raro, mas acontece — respondi. — Aconteceu com Taciana, porém muitas pessoas levam sustos e traumas maiores e este fato não ocorre.

— Os médicos encarnados dizem ser um caso de dupla personalidade.

— Não estão errados. A mocinha é Taciana e, pela suas recordações, é também Maria do Carmo. Paulino, nem todos os casos parecidos com o de Taciana são recordações do passado. Fatos assim podem suceder por vários motivos.

— Um deles é a recordação do passado.

— Não resta dúvida — respondi. — A recordação indevida do passado pode ocasionar danos. A de Taciana não foi espontânea, nem porque ela quis. Aconteceu pelo choque, e talvez por ter ocorrido no passado algum fato parecido que lhe marcou muito. Percebo também que Taciana não recordou todo o seu passado, mas só que se chama Maria do Carmo. Lembrou-se também de Daniel, ao vê-lo, mas não sabe bem quem é ele, só que o quer muito bem.

— Antônio Carlos, o que pensa fazer?

— Levar o médico encarnado, doutor Cassiano, a curá-la.

A primeira providência foi Paulino incorporar-se, em uma reunião no centro espírita em que dona Heloísa, a avó de Daniel, freqüentava e conversar com ela explicando a situação.

— Então – repetiu dona Heloísa –, devo transmitir ao meu neto Daniel o que me disse, e pedir-lhe que converse com o médico que cuida de Taciana. Que coisa incrível! Esquecer-se desta existência e só lembrar-se da outra.

— Incrível ou não, foi o que aconteceu. É melhor para Taciana não tomar remédios fortes e não pensar que está louca. Também deve começar logo o tratamento que necessita.

— Acredito no que disse este espírito, vovó – falou Daniel. – Acho que foi isso mesmo o que aconteceu. O difícil será conseguir falar com o médico e ele acreditar no que irei lhe contar.

Fomos com Daniel ao sanatório, no sábado à tarde. Ele insistiu, pediu, mas não conseguiu falar com doutor Cassiano. O moço, porém, não desistiu e voltou no domingo à tarde. Era dia de visita e o sanatório estava lotado. Daniel ficou na sala de espera. Paulino pediu mentalmente à secretária e, para nosso alívio, a moça falou com Daniel.

— Como você é insistente. O doutor não tem tempo para conversar com desconhecidos. Mas vou ajudá-lo, pelo menos vou dizer a ele que você está aqui.

— Não se esqueça de falar que é importante, por favor.

Lá fomos, Paulino e eu, com a secretária. Paulino pediu mentalmente para o doutor Cassiano atender nosso amigo.

Podemos pedir mentalmente, e algumas pessoas sentem nossos pensamentos como idéias ou vontade. Mas nem todas recebem ou captam; mas de qualquer forma têm o livre-arbítrio para atender ou não. Para a nossa alegria, doutor Cassiano respondeu:

— Tenho alguns minutos de folga. Deixe o rapaz entrar.

Daniel entrou na sala um tanto encabulado. Demos-lhe coragem e ele falou rápido.

— Doutor Cassiano, desculpe-me incomodá-lo, mas é importante. É sobre a paciente Taciana, que diz se chamar Maria do Carmo. Minha avó é espírita, e lá no centro que freqüenta, um protetor, espírito amigo, disse que Taciana foi na encarnação passada Maria do Carmo e que o susto que levou, fez com que recordasse e se refugiasse no passado.

— Ele também recomendou como devo tratá-la? — indagou o médico, mais por brincadeira.[1]

— Sim, é para o senhor conversar com ela e fazê-la recordar-se do seu passado, ajudando-a a voltar ao presente. Enfrentando o problema, ela irá se curar.

— Ela pode ser uma assassina!

---

1 — Doutor Cassiano, mesmo se dizendo espírita, ainda não tinha plenos conhecimentos dos ensinamentos da doutrina; daí a sua incredulidade sobre a informação (Nota do Autor Espiritual).

— Não acredito!

— Tenho que ir atender uma paciente — falou o doutor Cassiano, despedindo-se. — Vou estudar o caso de Taciana com todo cuidado, como faço com todos os pacientes deste hospital.

Daniel deu-se por satisfeito. Doutor Cassiano duvidou e pensou: "Cada uma que acontece; recado de um abelhudo desencarnado..." Mas sabia ser possível e ficou a pensar no assunto. Paulino e eu tudo fizemos para que ele refletisse em tudo o que Daniel lhe falara.

Naquela noite, esperamos doutor Cassiano adormecer, provocamos seu afastamento do corpo e lhe falamos explicando o que ocorria com Taciana, e pedimos que colaborasse conosco. O médico acordou e não se recordou, mas ficou com uma vaga idéia e resolveu logo pela manhã, quando chegou ao sanatório, examinar novamente Taciana. Fisicamente a garota estava bem e, curioso, o médico resolveu indagar:

— Como se chama?
— Maria do Carmo.
— Onde mora?
— Na fazenda Santa Maria.
— Quantos anos tem?
— Vinte e três.
— Você se lembra do último Natal? Como foi?

Taciana falava calmamente, prestava atenção nas perguntas e respondia tranqüila. Ao descrever o Natal, o último que passou, doutor Cassiano compreendeu que era a cena de um Natal do século passado. As respostas da garota o intrigaram. "De fato" — pensou —, "o choque pode ter levado esta jovem a recordar-se e, conseqüentemente, a pensar que vive na encarnação que teve anteriormente. Talvez aí esteja a comprovação de que realmente existe a reencarnação."

Doutor Cassiano marcou um horário quase diário para conversar com ela e suspendeu as medicações, deixando somente um calmante suave à noite. Com isso Taciana melhorou, já não se sentia tão prostrada e passou a dormir normalmente. Passeava pelo pátio e pelo sanatório.

Doutor Cassiano deixou um recado na portaria do sanatório: se Daniel voltasse ali era para levá-lo até ele. No domingo seguinte, Daniel foi visitar Taciana, encontrou-se com doutor Cassiano e combinou com ele contar-lhe tudo o que descobrisse sobre Taciana. Ao visitar a ex-namorada, Taciana o tratou com carinho e ele descobriu que ela o tinha amado na encarnação anterior.

– Mário Luiz – pediu ela a Daniel. – Não me chame de Taciana. Por que me tratam assim? Não gosta do meu nome?

– Gosto. Vou chamá-la só de Maria do Carmo.

As entrevistas entre o doutor Cassiano e Taciana ficaram cada vez mais interessantes. Paulino e eu insistíamos, e muitas vezes tentamos intuir os dois, ajudando sempre a jovem. Taciana aos poucos ia recordando sua outra existência.

Tinha sido filha de um colono de uma fazenda. Amava um jovem, de nome Mário Luiz, também colono. O dono da fazenda, Abílio, era casado e morava com a esposa e filhos em outra propriedade. Encantou-se com Maria do Carmo e a desejou. Ela não o queria e teve medo dele. Ele chantageou o pai dela que, por motivo de doença da esposa, devia-lhe dinheiro. Abílio pressionou o pai da moça, dizendo que, se Maria do Carmo não fosse morar na casa-grande como sua amante, ele o mandaria para a prisão e colocaria sua família fora da fazenda. Todos ficaram apavorados. Maria do Carmo se sacrificou, despediu-se de Mário Luiz, que prometeu ser seu amigo, e foi morar na casa sede da fazenda. Abílio tratou-a bem, com carinho, presenteou-a com roupas e jóias. Desfrutava de uma vida sossegada, era tratada como patroa e teve dois filhos. Abílio ia sempre à fazenda, porém com o tempo as visitas foram escasseando e Maria do Carmo sentiu-se sozinha. Nunca deixou de amar Mário Luiz e este a ela. Acabaram se aproximando e tornaram-se amantes. Mas o segredo dos apaixonados chegou até Abílio, que um dia retornou à fazenda de surpresa.

— É Abílio, chegou sem avisar, o que será que aconteceu?

Taciana se assustou e parou de narrar. Doutor Cassiano insistiu.

— O que Abílio lhe disse? Recorde, Maria do Carmo!

— Ele me xingou, fiquei com muito medo. Descobriu meus encontros com Mário Luiz. Entrou no meu quarto e me olhou com ódio. A faca! Não! A faca não!

Taciana gritou desesperada. Doutor Cassiano tentou acalmá-la, mas insistiu para que recordasse.

— Que ele fez com a faca?

— Enfiou-a no meu peito!

Doutor Cassiano aplicou em Taciana uma injeção forte e ela adormeceu. O médico deixou ordem para que quando acordasse a levassem até ele. Taciana dormiu por horas e, quando acordou, foi levada por uma enfermeira até o doutor Cassiano. Quando ela viu o médico, implorou:

— Doutor Cassiano, ajude-me, estou confusa. Morri ou não morri? Vi e senti a facada. Mas não tenho nem sinal nem marca. Que acontece comigo?

Taciana chorou e doutor Cassiano a consolou.

— Minha filha, acalme-se. Vamos continuar a recordar. Acabará por compreender tudo. Não se afobe! Aqui está segura, não tenha medo. Vamos continuar. Abílio entra no seu quarto, ofende-a e a fere com uma faca. E depois? Vamos lembrar!

— Sou duas. Sim, estou ali em pé olhando Abílio que ainda me xinga, e a outra está deitada entre a cama e um móvel. Tenho os olhos abertos e estou toda suja de sangue. Estou apavorada. Abílio sempre maldizendo chama dois capangas, que saem da casa; eu os sigo. Vão atrás de Mário Luiz, e o encontram no campo. Amarram-no com uma corda e ele é puxado por um cavalo pela fazenda. Deixam-no muito machucado e, depois de algum tempo, fica como eu, transforma-se em dois. Escuto alguém dizer: "Ele morreu!". Fico olhando tudo. Os dois corpos são velados por poucas horas e enterrados. Estava com vinte e três anos. Meus dois filhos foram para a casa dos meus pais e Abílio falou ao meu pai que ia sustentá-los. Nada aconteceu com Abílio pelo duplo assassinato. Disseram que foi em defesa da honra. Mas nem esposa dele eu era. Nossos pais choraram, mas acabaram se conformando. Confusa, choro. Vejo um senhor, um homem idoso que me oferece ajuda. Aceito e ele me leva para um lugar agradável, onde sou bem tratada; gosto de lá. É bonito! É um posto de socorro, um lugar onde são abrigados e socorridos os necessitados.

Taciana cala-se. Doutor Cassiano compreende que Maria do Carmo desencarnou, vagou e depois foi levada para um socorro, num posto de auxílio, que era um local fraterno de ajuda ao próximo. Taciana fica pensativa, até o próximo encontro com o doutor Cassiano. Este, intuído por nós, trouxe para a garota alguns livros espíritas.

– Que aconteceu comigo, doutor Cassiano? – indagou Taciana preocupada. – Lembro-me de que morri, ou, como me ensinaram nesse local em que estava, que desencarnei. Não era este meu corpo. Quando morta, ou desencarnada, meu corpo era diferente, era perispiritual. Estou inventando tudo isto?

– Maria do Carmo, somos espíritos eternos, vivendo ora no corpo físico, ora desencarnado com o corpo perispiritual. Você não inventou nada. Na encarnação anterior foi Maria do Carmo e tudo o que recordou, aconteceu. Mas por hoje chega! Trouxe-lhe estes livros. São muito bons e falam sobre esse assunto: encarnação, desencarnação e reencarnação. Você vai gostar deles.

Taciana foi para o quarto, ou seja, para a enfermaria feminina. Acariciou os livros com carinho. Eram eles *O Evangelho Segundo o Espiritismo* e *O Livro dos Espíritos*, ambos de Allan Kardec. Começou a lê-los em seguida. As partes que falavam sobre reencarnação, leu-as muitas vezes. Ficou ansiosa para conversar com doutor Cassiano e, quando o encontrou, falou contente:

– Doutor Cassiano, o que aconteceu comigo foi que recordei minha encarnação anterior. Não estou louca!

— Nunca esteve, minha filha, só um pouco confusa. Mas ainda tem muito para recordar. Vamos continuar nosso trabalho. Concentre-se. Você está num lugar agradável e bonito, gosta de lá. Você vê Mário Luiz?

Doutor Cassiano acabou por se acostumar a chamar Taciana de minha filha, porque ela insistia que se chamava Maria do Carmo e, não querendo desagradá-la, optou por esse termo carinhoso. Com a pergunta do médico, Taciana ficou pensativa e depois respondeu:

— Sim, encontrei Mário Luiz. Ele é bom, perdoou e ajudou Abílio, que logo depois foi assassinado com um tiro, bem longe da fazenda em que morávamos. Abílio sofreu muito, eu não quis vê-lo, mas Mário Luiz o ajudou. Depois ele foi trazido para o posto de socorro, e acabamos fazendo as pazes. Mário Luiz me dizia: "Maria do Carmo, nós também erramos. Você deveria ter vivido como esposa de Abílio, aceitando e se conformando com a situação. Eu não deveria ter me aproximado de você. Precisamos perdoar, para merecer o perdão de Deus". Depois...

Taciana parou de falar e doutor Cassiano insistiu.

— Depois? Fale minha filha.

— Preparei-me para reencarnar. Agora sou Taciana! Por isso é que todos me chamam de Taciana. Chamo-me Taciana!

— Sim, você agora é Taciana — falou doutor Cassiano.

Começou a interrogá-la. Onde mora? Quando nasceu? Que faz? Quem são seus amigos? E Taciana foi recordando.

— Meu Deus! — exclamou. — Daniel é Mário Luiz!
Em outra conversa ela lembrou-se de Aloísio.

— Doutor Cassiano, Aloísio era Abílio! Taciana falou com medo.
— Que tem isto? Acha ruim?
— Não sei!
Doutor Cassiano parou por aí. Mas ficou a pensar: "Taciana deve ter se confundido, quando entrou no açougue. Se Aloísio era Abílio, ela ficou com medo de ele matá-la. No açougue há facas. Talvez o moço a ameaçasse. Ela então o matou. Coitada desta menina! Que fazer para ajudá-la?"

A família de Aloísio pressionou a polícia para que Taciana fosse levada para um manicômio judiciário. Doutor Cassiano tudo fez para impedir, e conseguiu que prevalecesse sua vontade. Embora convencido de que fora Taciana que matara o rapaz, entendeu os motivos. Mas a justiça dos homens entenderia?

Daniel ficou a par dos acontecimentos. Tornou-se amigo do doutor Cassiano. Conversavam e trocavam idéias, quando ia ao sanatório.

Taciana falou a Daniel de suas recordações. Ele não recordou nada, mas sentiu que tudo o que ela falou era verdadeiro. Daniel e Taciana reconciliaram o namoro.

— Amo você, Daniel! Amei-o como Mário Luiz e o amo agora.
— Eu também a amo!

Com todos esses acontecimentos Daniel se interessou pelo espiritismo. Taciana também passou a ir às sessões do sanatório e a ler livros espíritas. Daniel procurou ir com freqüência ao centro espírita que a avó freqüentava. Numa dessas idas, Paulino incorporou-se e falou com Daniel.

— Daniel, Taciana não matou Aloísio. Diga isso ao doutor Cassiano.

Doutor Cassiano acreditou no recado, sentiu-se até aliviado. Torcia para que Taciana não fosse a assassina. Insistiu com ela para que recordasse tudo.

— Taciana, recorde! Você encontra a porta do açougue encostada, entra. O que vê?

— Ai! Socorro! – gritou Taciana. – Vejo Aloísio caído com a faca no peito. Quero ajudar, não sei como. Abaixo e tiro a faca, que está suja de sangue. Grito, grito!

— Quem matou Aloísio? Você viu? Foi você?

— Não sei quem o matou. Serei eu? Fui eu? Meu Deus! Será que matei Aloísio pensando que era Abílio? Será que fui eu? Não me lembro!

Chorou desconsolada.

— Não foi você! Não foi! – falou doutor Cassiano, com certeza pensando no recado que recebera. – Você entrou e o viu caído, morto. Vamos recordar.

Taciana com medo se recusou. Mas no outro dia, ela recordou tudo.

— Não matei Aloísio. Encontrei-o morto. Doutor Cassiano, estou com medo, será que foi Daniel? Terminei o namoro com ele para encontrar-me com Aloísio. Será que foi ele?

Doutor Cassiano não respondeu. Para ele, Daniel era um bom moço, mas não descartava a hipótese. Por ciúmes muitos crimes são cometidos. Ainda mais estando vinculados por rancores de outra encarnação.

Taciana quis ir para casa.

— Doutor Cassiano, estou bem. Sinto-me bem. Quero ir para casa.

– Por enquanto, não, Taciana. Você é acusada de assassinar Aloísio.

– Eu?! Mas não o matei!

– Sabemos disto, mas a polícia, não. Ninguém viu nada de suspeito, só você entrou no açougue. Encontraram-na gritando, suja de sangue e Aloísio, morto. São muitas as provas contra você. Aqui está protegida.

– Tenho medo. Não quero ser acusada por um crime que não cometi.

Daniel se entristecia e pensava: "Aloísio é culpado de tudo, fez com que sofrêssemos na encarnação anterior e ainda faz nesta. Não gostei da pergunta que Taciana me fez: 'Você matou Aloísio?'. Duvidou de mim. Somos inocentes. Ela está sendo acusada e eu poderei ser também. Ainda mais que naquele dia faltei à aula para vigiar Taciana, e depois de vê-los na praça fui para casa. Mas acreditarão? Se a suspeita for levantada, as pessoas lembrarão que me viram na praça."

Foi então que sentiu, pela primeira vez nesta encarnação, raiva de alguém, de Aloísio e de seu assassino, que ninguém sabia quem era. Para se distrair, pegou *O Evangelho Segundo o Espiritismo* e abriu ao acaso. Ou pensou que fora ao acaso. Paulino, que já havia preparado a lição que o ajudaria no momento, fez com que abrisse no capítulo XII, na mensagem escrita por Adolfo.

"Só é verdadeiramente grande aquele que, considerando a vida como uma viagem que o deve levar a um destino certo, faz pouco caso das contrariedades do caminho e dele nunca se desvia. De olhos fixos na meta a que se destina, pouco lhe importa se os obstáculos e os espinhos do caminho podem lhe causar danos, já que eles apenas o roçam sem o ferir e não o impedem de avançar. Arriscar a vida em duelo para se vingar é uma injúria, é recuar diante das provações que tem que passar. É sempre um crime aos olhos de Deus. Se não fôsseis enganados, como sois, pelos vossos preconceitos, o veríeis como uma coisa ridícula e uma suprema loucura aos olhos dos homens."

"Que bonita lição de amor" – pensou Daniel. – "Se perder tempo com rancores estarei desperdiçando-o. Não quero ter raiva. Perdoei Aloísio no passado e o perdôo de novo, como também quem o matou e nos colocou nesta situação."

Orou para Aloísio e sentiu paz.

Mas, enquanto aconteciam esses fatos narrados, Paulino e eu entramos em ação para descobrir os assassinos de Aloísio, porque certamente não fora Taciana, mas poderia ter sido Daniel?

Fomos ao local do crime, o açougue, que estava fechado, e pela Psicometria pudemos ler o que aconteceu naquele dia.

Psicometria é a leitura da memória de objetos, de coisas ou de lugares. Os objetos possuem a virtude de receber e conservar eflúvios vitais de acontecimentos vividos, de fatos marcantes. Pela concentração de quem sabe fazê-lo, obtêm-se bons resultados. Entretanto são informações do próprio éter imanente no objeto, e não da matéria que o constitui. A Psicometria é mais fácil para os desencarnados, mas muitos encarnados podem fazer uso dela, desde que aprendam. Desencarnados também precisam aprender e treinar. Psicometria, então, é a leitura dos acontecimentos que registram a história na matéria.

Assim, Paulino e eu vimos pelo sistema vibratório os acontecimentos que se passaram ali, no açougue. Concentramo-nos nos que nos interessavam, ou seja, na desencarnação de Aloísio.

Aloísio chegou ao açougue, despediu-se do empregado, que foi logo embora. Deixou a porta encostada, abriu a gaveta do dinheiro e começou a contá-lo. Dois adolescentes, sendo um menor de idade, entraram e o surpreenderam. Ele tentou reagir, e um dos assaltantes pegou uma faca em cima do balcão e enfiou no peito dele, que desencarnou na hora. Fugiram apavorados nem levaram o dinheiro. Logo depois, Taciana o encontrou.

Aloísio desencarnou e foi socorrido pela sua bisavó que o levou para um posto de socorro. Estava em tratamento. Paulino até pensou que Aloísio pudesse vir ditar uma mensagem à família, pela psicografia, e inocentar Taciana e Daniel. Mas a família de Aloísio não acreditava em espiritismo.

Os parentes de Taciana sofriam com o ocorrido. Os pais acreditavam na inocência da filha e não sabiam o que fazer para ajudá-la.

Vendo os assaltantes, Paulino e eu fomos à procura deles. Por informações de trabalhadores de um centro espírita, localizamos os dois na periferia da cidade. Eram amigos e vizinhos. O maior de idade, Valdir, já havia cometido outros crimes. O outro, com dezesseis anos, Mané, um bonito menino, começou cedo na marginalidade, e também já participara de muitos assaltos. Ambos eram viciados em drogas.

Ficamos observando os dois, que tinham por companhia espíritos afins, mas eles não nos viram. Tentamos fazê-los pensar no crime que cometeram, mas eles nos repeliam. Tentamos ajudá-los com conselhos, fizeram o mesmo. Éramos intrusos que os incomodavam. Apiedamo-nos dos dois jovens, entretanto não se pode ajudar quem não deseja. A ajuda espiritual tem que ser pedida e aceita, senão torna-se inviável o auxílio.

Aguardamos uma oportunidade e esta não demorou. Numa batida, a polícia os encontrou com drogas e os prendeu. Foram interrogados por um delegado, uma pessoa simpática que atendeu nossos rogos.

— Hei, vocês dois, confessem o crime que cometeram! — falou sem perceber e até estranhou.

Os dois se assustaram, e o delegado olhou para eles com piedade.

— Vamos, confessem! — repetiu.

— Que crime? — indagou Valdir com medo.

— O que barbaramente cometeram!

Como os dois ficaram espantados, o delegado interessou-se, sentiu que eles escondiam algo mais e os ameaçou. Valdir, querendo se livrar, falou:

— Não fui eu, senhor delegado. Foi ele quem matou o açougueiro. Foi ele!

— Cale a boca, idiota! — disse Mané. — Você está dopado.

De fato, os dois haviam consumido uma quantidade grande de drogas.

— Vão me falar tudo direitinho. Que açougueiro? Quem vocês mataram? O jovem do açougue da avenida?

— Foi ele! — repetiu Valdir. — Foi ele!

— Covarde! Não fui eu! Está pondo a culpa em mim, porque sou menor.

Os dois acabaram se agredindo. O delegado mandou tirar Mané da sala e interrogou Valdir, que acabou falando tudo. Foi ele quem matou Aloísio. O delegado deixou os dois presos e se comunicou com seu colega, outro delegado que estava encarregado de desvendar o assassinato de Aloísio.

– Prendi dois adolescentes que confessaram ter matado o jovem açougueiro.

Taciana foi inocentada e Daniel ficou livre das suspeitas. Quanto aos dois adolescentes, Valdir ficou preso e Mané foi encaminhado a uma instituição apropriada.

– Taciana, minha filha – falou doutor Cassiano –, pode ir para casa. Foram dois assaltantes que mataram Aloísio; confessaram e estão presos. Você pode retornar ao seu lar, pois está muito bem. E não se esqueça dos meus conselhos. Você teve um trauma ao ver Aloísio morto. E foi só! Nada de comentários. Tudo isso logo será esquecido.

– Agradeço comovida. O doutor foi muito bom para mim. Acreditou no que eu dizia. Não me esquecerei de seus conselhos. Lembrei-me de minha existência passada, mas devo ignorá-la. O que passou, passou, o presente é o que interessa. Vou de agora em diante seguir a Doutrina Espírita e quero ser uma boa espírita.

– É isto aí, garota. Felicidades!

Doutor Cassiano teve a comprovação da lei da reencarnação, e passou a se dedicar com mais carinho aos estudos espíritas.

Logo que Taciana chegou em casa, parentes, vizinhos e amigos foram visitá-la, querendo saber dos detalhes. E, seguindo o que lhe foi recomendado, respondeu que teve um simples trauma. Como o doutor Cassiano predisse, logo se desinteressaram do assunto. Taciana ia logo voltar a estudar, e teria que repetir o ano, mas não se importava. Mudou, tornou-se responsável e passou a dedicar-se ao trabalho de casa com carinho. Ela e Daniel reiniciaram o namoro e começaram a freqüentar juntos um centro espírita.

Uma visita a surpreendeu.

– Taciana – chamou-a sua mãe. – Os pais de Aloísio estão aqui e querem falar com você.

Taciana ainda estremecia ao lembrar-se dos acontecimentos. Foi à sala, toda encabulada.

– Taciana – disse o pai de Aloísio –, viemos visitá-la. Como está passando?

– Não fui eu quem matou Aloísio! – disse toda nervosa e baixinho.

– Sabemos disso – disse a mãe de Aloísio. – Viemos para nos desculpar.

– Desculpo sim, desculpo – falou rápido.

O casal percebeu que incomodava a mocinha e desculpou-se com os pais de Taciana.

– Compreendemos – disse a mãe de Taciana –, temos filhos e calculamos o que é perder um.

O casal despediu-se.

– Paulino – disse eu –, volto ao meu trabalho.

– Tudo terminou bem, também volto aos meus afazeres no centro espírita, mas não esquecerei de Valdir e Mané, irei visitá-los sempre e tentarei ajudá-los, encaminhando-os ao bem.

– Espero que consiga!

Abraçamo-nos.

2

O Sinal de Nascença

Fui visitar um amigo. Pessoa a quem dedico muito carinho, trabalhou comigo por um bom tempo, quando estava desencarnado. Achando que era hora de reencarnar, decidiu-se com o objetivo de se reconciliar com o espírito que ia ser seu pai, e também pensando em progredir. Julgava-se o ofensor, queria e sentia necessidade de estar perto do ex-inimigo, para reparar-se, com seu carinho, junto a quem prejudicara no passado. Prometi visitá-lo e, se pudesse, ajudá-lo no tempo em que estivesse no corpo físico.

Sempre que possível, vou vê-lo.

Nesta visita, encontrei meu amigo em dificuldades. Jeferson completava três anos de idade. Garoto inteligente, saudável e muito bonito, era o terceiro filho. Sua irmã mais velha, Mariza, além de bonita era ajuizada, prestimosa e trabalhadeira. Estava com onze anos. O irmão, Marcelo, tinha nove anos.

Encontrei-os no apartamento, sozinhos. Mariza arrumava a mesa para o jantar após ter esquentado a comida. Os meninos brincavam em frente da televisão.

Beatriz, a mãe, ao ficar grávida de Jeferson, separou-se do esposo. Agora, moravam os quatro num pequeno apartamento de dois quartos, num bairro modesto de uma grande cidade.

Logo Beatriz chegou e estava acompanhada de dois espíritos ansiosos por prazer. Ao me verem, não entraram, ficaram esperando a companheira encarnada do lado de fora do prédio. Beatriz beijou os filhos distraída.

— Mamãe — disse Mariza —, o jantar está quente, arrumei tudo direitinho.

— Muito bem!

Respondeu por responder. Sem dar mais atenção ou perguntar como estavam, foi tomar banho. Jantou pouco e foi para o quarto arrumar-se. Marcelo indagou:

— Mamãe, vai sair de novo? Tenho medo de ficar só com a Mariza à noite. Não saia hoje. Fique! Vai passar na televisão...

Beatriz deu um grito tão alto que até eu me assustei. Disse ao filho que se calasse, que ia sair e deveriam ficar quietos e obedientes. Falou muitas asneiras, deixando os meninos tristes e calados. Notei que estas cenas deveriam ser constantes.

Achei que era o momento de cumprir a promessa de ajuda que fiz ao meu amigo. Embora consciente de que não poderia interferir no livre-arbítrio dos encarnados, resolvi investigar o que acontecia naquele lar.

Toda enfeitada, Beatriz saiu e trancou as crianças. As duas entidades a esperavam juntamente com um encarnado, num carro. Segui-os, foram a um barzinho.

Voltei ao apartamento. Dei um passe nas crianças e limpei os fluidos nocivos do local. Mariza ajudou os irmãos a trocarem de roupa e a escovar os dentes.

— Marcelo e Jeferson, não fiquem com medo. Estou aqui para cuidar de vocês.

— Você é tão nova quanto eu. Papai disse que você é criança — falou Marcelo.

— Sou mais velha! — respondeu a menina. — Vamos orar para nosso anjo da guarda.

Pôs as mãozinhas uma na outra, ato que foi imitado pelos irmãos. Cheguei perto dela e transmiti-lhe meus pensamentos. Mariza orou alto:

— Papai do Céu, permita que seus anjos possam nos ajudar sempre. Se possível fique conosco nesta noite e não deixe Marcelo ter medo. Obrigada! Amém!

Foram os três para o quarto, dormiam juntos. Não sentiram medo e adormeceram logo, tranqüilos.

Fiquei no apartamento. A vizinha do lado, ao passar diante da porta fechada, comentou com o esposo:

— A sirigaita saiu e trancou as crianças. Se pegar fogo no prédio, elas morrem aí trancadas.

— Se pegar fogo, arrombo a porta e as salvo — respondeu o esposo.

— Só trabalho para ela porque necessitamos do dinheiro que ganho e porque tenho pena das crianças. Se alguma delas passar mal à noite, não sei o que pode acontecer.

Os vizinhos eram boas pessoas. Dona Lourdes estava realmente preocupada. Trabalhava para Beatriz algumas horas por dia. Vinha cedo, arrumava o apartamento e fazia o almoço. Ao meio-dia, o pai buscava os dois mais velhos para levá-los à escola. E ela ficava com Jeferson até que voltassem, quando ficavam os três sozinhos esperando a mãe voltar do trabalho. Quando ela saía à noite, deixava-os trancados.

Beatriz voltou de madrugada e bêbada, foi dormir sem ao menos dar uma olhada nas crianças.

Fui à colônia onde eu estava trabalhando e pedi uma licença. Obtida, voltei para perto de meu amigo.

Na noite seguinte, a mesma cena. Beatriz chegou em casa acompanhada de dois espíritos. Vendo-me, iam sair, mas os detive. Ficaram nervosos e se puseram a me examinar.

– Por favor – disse –, quero falar com vocês.

– Nada temos com você – disse um deles. – Acompanhamos esta idiota por afinidade. É uma bêbada! Não pense você que a forçamos a beber. Ela é que gosta! É só convidar. Ela é chegada a uma farra.

– Por motivos particulares, vou ficar com ela por uns tempos. Não quero que saia mais. Peço aos amigos que não a convidem. Peço-lhes que se retirem e não voltem.

– Você é engraçado, pede em vez de mandar – disse o mesmo que respondeu anteriormente. – Quero saber uma coisa: ela o obedecerá?

– Também não pretendo mandar. Vou aconselhá-la.

Riram. O outro indagou:

– Que acontecerá conosco se nos recusarmos a atendê-lo?

– Nesse caso, terei de impedi-los usando outros meios, como levá-los a um centro espírita para uma conversa mais séria.

Os dois cochicharam.

— Resolvemos atendê-lo — disse o primeiro, que me dirigiu a palavra.

Saíram. Li em seus pensamentos que iam deixar de procurar Beatriz. Afinal tinham muitos outros companheiros encarnados, e ela não valia a pena para terem um confronto comigo ou com quem quer que fosse. Estavam a fim de divertimento e não se importavam com quem.

Beatriz naquela noite não saiu, para a alegria dos filhos. Desmarcou o encontro por telefone, ficou com as crianças assistindo à televisão, e as ajudou a se aprontarem para dormir. Quando se recolheu ao leito, examinei-a, ela estava muito doente.

No dia seguinte, acompanhei-a logo cedo, quando saiu para o trabalho. Beatriz era vendedora numa drogaria. Não estava bem, pois a doença a incomodava. À tarde pediu para sair mais cedo, para ir ao médico. Antes, passou num laboratório e pegou os exames que havia feito na semana anterior.

O médico, após os cumprimentos, abriu os exames e se pôs a examiná-los.

— Os resultados confirmaram minhas suspeitas.

— Que tenho doutor? — indagou Beatriz preocupada. — É realmente o que julgava?

— Sim — respondeu de cabeça baixa.

Beatriz esforçou-se para parecer forte. Após uns instantes de silêncio, falou:

— Estou com leucemia... Quanto tempo tenho de vida? Não minta para mim, por favor. Tenho muitas providências a tomar. Sou divorciada e tenho três filhos que estão comigo. Necessito encaminhá-los.

— Se fizer o tratamento, pode até sarar ou viver alguns meses somente. É difícil prever. Se não se cuidar, acho que tem pouco tempo de vida. A senhora está debilitada, demorou para consultar um médico e fazer os exames.

— O tratamento é muito caro, não é?

— Sim, fica caro. Certamente a senhora irá se tratar.

— Agradeço-lhe, mas vou pensar.

— A senhora tem que resolver logo. Já esperou muito.

Beatriz levantou e estendeu a mão ao médico, despedindo-se. Foi para casa desanimada e triste. Ao ver os filhos, descobriu que os amava. Naquele dia foi carinhosa com eles, e as crianças sentiram-se felizes pela atenção recebida.

Ficou a pensar no que ia fazer. Sua mãe desencarnara há tempos; o pai já velho e aposentado morava numa outra cidade, numa pequena pensão. Estava afastada de sua família por sua própria culpa. Tinha um irmão casado, que morava na mesma cidade do pai, e um outro, que desencarnara jovem, aos dezenove anos, em acidente.

O pai, mesmo ganhando pouco, ajudava-a dando-lhe todo mês o dinheiro do aluguel do apartamento. Sentiu saudades dele e resolveu telefonar. Discou o número da pensão e pediu para chamá-lo. Ao atender, perguntou logo o que ela queria. Beatriz compreendeu que ultimamente só o incomodava e só se dirigia a ele para pedir dinheiro. O pai estranhou quando ela disse:

— Telefonei só porque estou com saudades do senhor. Quero saber como está passando.

O pai queixou-se que não estava bem, que tinha ido ao médico e seu coração estava fraco etc. Mandando beijos e abraços, ela desligou.

"Meu pai não tem condições de ficar com meus filhos" – pensou. – "Nem meu irmão."

O irmão tinha os próprios filhos, não se davam bem e há tempo não o via. A cunhada a detestava. Por brigas no passado, em que ambas agiram erradas, procuravam nem saber uma da outra. Sua família estava descartada, restava apenas o ex-esposo. Márcio era bom. Reconhecia que ela é que não soubera manter o casamento. Sempre gostou de festas e de sair com amigos; ele, não. Como ele se recusasse a sair, passou a fazê-lo sozinha, deixando os filhos com ele, com a empregada ou até sozinhos. Gastava muito com roupas, e as brigas passaram a ser freqüentes, porém ela nunca traiu o esposo. Depois de separados, sim, teve muitos amantes. Estavam satisfeitos com um casal de filhos, e não queriam outros, quando ela ficou grávida pela terceira vez. Foi um choque para os dois. Beatriz ficou mais nervosa e inquieta. Numa costumeira briga, disse ao marido num acesso de raiva:

– Este filho não é seu!

Márcio calou-se, por algum tempo ficou parado olhando-a, depois arrumou suas roupas e saiu de casa, não voltando mais. Beatriz arrependeu-se, tentou desmentir, mas não adiantou. Ele pediu o divórcio e se separaram legalmente. A guarda das crianças ficou com ela, e Márcio podia vê-las sempre que quisesse. Ele levava os dois mais velhos à escola e, aos domingos, buscava-os para passear, mas somente Mariza e Marcelo. Nunca ligou para Jeferson, embora tivesse registrado o menino no seu nome.

Tempos depois de ter saído de casa, Márcio casou-se novamente com uma colega do trabalho. Viviam bem e tiveram um filho, que os do primeiro casamento não conheciam.

"Márcio ficará com Mariza e Marcelo" – pensou Beatriz, triste. – "Mas e Jeferson? Com quem irei deixá-lo? Queria tanto os três juntos!"

As crianças já dormiam e Beatriz continuava na sala, pensando.

"Não irei me tratar. Não tenho dinheiro. Também não irá me adiantar nada o tratamento."

Beatriz era formada em Biologia e, como trabalhava há anos numa farmácia, conhecia bem a realidade de sua doença. Sabia que muitas pessoas haviam sarado. Mas sentia que ela não conseguiria, pois descobrira a doença em estado muito avançado. E não tinha dinheiro para o tratamento que sabia ser bem caro. Márcio pagava a escola dos filhos, fazia a compra do mês no supermercado, pagava luz, o telefone e ainda lhe dava uma pequena pensão. Não tinha o que reclamar dele. Com seu ordenado, ela comprava algumas frutas, pão, leite, roupas para as crianças e o resto gastava com ela; gostava de roupas novas e enfeites.

Decidida mesmo a não se tratar, tinha que resolver o que fazer com os filhos. Acabou por se decidir a deixar os dois mais velhos com Márcio, e tentar que aceitasse o caçula. Beatriz só conseguiu dormir de madrugada.

No domingo, esperou por Márcio, que veio à tarde buscar as crianças. Ficou na sala. Márcio chegou e cumprimentou-a friamente, beijou os dois maiores e nem olhou para Jeferson.

– Márcio – disse Beatriz –, quero falar um instante com você, por favor.

A contragosto, acompanhou-a até a cozinha.

– Márcio, não é justo você tratar Jeferson assim. Ele é seu filho. Juro!

– Não acredito em você nem em seus juramentos. Não sou o pai dele!

– Faça um exame de sangue. Nunca o traí!

– Não me amole!

Márcio voltou à sala, pegou os dois mais velhos e saiu. Jeferson, querendo passear, sair com os irmãos, começou a chorar.

"Vá passear com ele!" – Pedi à Beatriz que saísse com o menino. Aceitando minha sugestão, levou-o para um pequeno passeio.

Beatriz caminhou na calçada em frente ao apartamento, de mãos dadas com o filho. Estava distraída. Com a confirmação da doença, ficou abatida. Bebia e fumava muito, havia emagrecido nos últimos dias, não estava bem. Embora caminhando devagar, cansou-se e voltou logo para casa.

Mariza e Marcelo foram a um parque com o pai, que não as levava à sua casa por proibição de Beatriz. As crianças não se queixavam da mãe, não falavam nada quanto a ficarem sozinhas e trancadas. Não conheciam Paula, a segunda esposa do pai, mas não gostavam dela, e até a temiam pelo que Beatriz dizia dela. A mãe falava que Paula era ruim, que ia castigá-los, que não gostava deles, que ela é que havia tirado o pai de casa etc.

Depois do passeio, Márcio deixou as crianças na portaria do prédio e eu o acompanhei. Márcio preocupava-se, gostava muito dos dois filhos, era boa pessoa, honesto, trabalhador e responsável. Voltou para casa. A esposa, Paula, também era agradável. O casal tinha um filho, Fábio, uma criança deficiente mental. Os dois se amavam. Márcio, assim que chegou, contou à esposa a conversa que teve com Beatriz.

– Márcio, será que Jeferson não é mesmo seu filho? – Paula indagou. – Não gosta dele, não é?

Márcio, porém, não respondeu nada.

No outro dia, segunda-feira, Beatriz não foi trabalhar. À tarde, foi ao médico da firma em que trabalhava, mostrou a ele os exames e pediu afastamento para tratamento. Foi prontamente atendida. Depois foi à drogaria e entregou ao gerente a licença. Despediu-se de todos. Ninguém gostava sinceramente de Beatriz, embora ela trabalhasse ali há anos, não fora capaz de fazer amizades. Não se interessavam em saber o que ela sentia. Após alguns abraços cordiais, Beatriz foi para casa.

Disse a todos que estava de férias. Na terça-feira, telefonou para o ex-marido e lhe disse que concordava com que ele viesse mais vezes ver as crianças, que ficasse com elas nos fins de semana e até que elas poderiam ir à casa dele. Márcio ficou feliz e comentou com Paula.

– Beatriz já se cansa dos filhos! Eles a atrapalham, certamente quer sair, ir para a farra.

– Márcio, você ainda ficará com seus filhos – respondeu a esposa.

Achando que os dois deveriam conhecer Fábio e Paula, antes de irem passar o fim de semana em sua casa, Márcio, na quarta-feira depois da aula, levou-os para conhecer o irmãozinho de que ele tanto lhes falava. Mariza e Marcelo ficaram desconfiados com Paula, que tudo fez para os agradar.

Quando chegaram, Beatriz indagou:

– Gostaram da casa do seu pai? Gostaram de Fábio?

– Fábio é diferente – disse Marcelo. – Ele é grande, mas é como se fosse bebê.

– E Paula? O que acharam dela?

– Não sei – respondeu Mariza. – Ela nos agradou. Mas, como você disse que ela é má, não lhe demos confiança.

– Estava errada em relação a Paula, ela não é má. Acho mesmo que ela é boa, vocês devem gostar dela. Não foi ela quem tirou o pai de vocês daqui, na verdade ele e eu não combinávamos há tempo. Na sexta-feira à tarde, vocês vão para a casa deles passar o fim de semana. Não precisam evitar Paula, podem gostar dela.

Mariza e Marcelo se olharam, estranhando. Beatriz esforçou-se para dizer isto, depois se levantou e foi chorar no quarto.

Os dois foram na sexta-feira para a casa do pai e se divertiram muito. Paula gostou muito deles e Márcio ficou muito feliz.

Aquele fim de semana foi muito triste para Beatriz. Ela sentiu a falta dos filhos e tentou brincar com Jeferson, que também sentia a ausência dos irmãos. Estava cada vez pior. Tentei aconselhá-la para que se tratasse, porém ela se recusava.

Na segunda-feira, pegou todas as suas melhores roupas e bijuterias, procurou uma loja que negociava objetos usados e os vendeu. Também foi a um orfanato onde adquiriu folhetos explicativos sobre o processo de adoção.

Pensava que, se Márcio não ficasse com Jeferson, iria deixá-lo num orfanato, com toda a papelada em ordem, para que pudesse ser adotado.

Comecei a pensar em como agir, para ajudar meu amigo encarnado. Se ele reencarnou com objetivo de se reconciliar com quem era agora seu pai, não podia deixá-lo ir parar num orfanato. Acompanhei de perto os acontecimentos.

Na terça-feira à noite, Beatriz recebeu um telefonema, convidando-a para uma noitada. Pedi-lhe que não fosse, insisti. Não me atendeu e planejou divertir-se. Xingou por ter vendido suas roupas, arrumou-se como pôde e saiu, deixando os três filhos tristes.

De volta à sua turma, Beatriz começou a beber e a fumar em demasia. Acabou por sentir-se mal e desmaiou. Os amigos tentaram reanimá-la. Não conseguindo, tiveram de chamar uma ambulância. Não a acompanharam e ficaram nervosos, comentaram que ela havia bebido demais ou usara drogas antes de encontrá-los, e não queriam se comprometer.

No pronto-socorro, o médico que a atendeu, percebeu logo que seu estado era grave e aplicou-lhe sangue e soro.

A noite passou. No dia seguinte, dona Lourdes foi trabalhar, mas encontrou a porta do apartamento trancada e as crianças chorando. Mariza acordou com o choro de Jeferson e, não vendo a mãe, apavorou-se e começou a chorar também. O porteiro, a pedido de dona Lourdes, abriu a porta. As crianças se acalmaram. Dona Lourdes telefonou para Márcio que veio em seguida buscar os dois filhos.

— Agradeço-a por ter me avisado. Não sabia que Beatriz saía à noite e os deixava trancados. Vou levar os dois e a senhora, por favor, cuide do pequeno.

Arrumou algumas roupas deles, colocou-as numa mala e os levou para sua casa.

Beatriz acordou às onze horas da manhã e levou um susto. Ainda tomava as transfusões de sangue e soro. Quis ir embora, mas a enfermeira disse que ela só poderia ir quando acabassem os medicamentos. Logo veio o médico que a atendeu, dando-lhe um sermão, que Beatriz escutou calada. Pediu para telefonar e a enfermeira lhe trouxe um telefone. Foi um alívio conversar com dona Lourdes, que lhe falou que Márcio buscara os dois e que ela estava com Jeferson. Beatriz contou que passou mal, que estava num pronto-socorro e que logo que possível iria para casa.

Dona Lourdes, como todos, pensou que Beatriz passara mal de tanto beber.

Beatriz modificou-se fisicamente, abateu-se muito, estava com aparência péssima. Voltou para casa à tardinha, agradeceu dona Lourdes e tentou brincar com Jeferson. Não se sentia bem, tinha dores e terrível mal-estar.

Jeferson chamava pelos irmãos e queria Mariza, que cuidava dele à noite. Beatriz, triste, chorou muito. Por dias seguidos, tentou convencer Márcio pelo telefone a ficar também com Jeferson. Mas ele não queria. Conversou com Mariza e Marcelo e viu que eles estavam contentes. Telefonou também para seu pai. Sentia-se carente, sem ninguém, pois os companheiros de farra não eram amigos. Não quiseram nem conversar com ela, quando tentou falar ao telefone com alguns deles e dizer que estava doente.

No sábado, Márcio levou os dois para buscar o resto das roupas, mas os aguardou na portaria. Os dois, quando entraram, foram primeiro abraçar o irmãozinho que gritou de contentamento.

– Mariza! Marcelo!

– Jeferson, meu querido! – disse Mariza. – Que saudade!

Depois foram abraçar a mãe.

– Oi, mamãe! – disse Marcelo. – Jeferson está bem?

– Sim, está, só que sente falta de vocês. Por que não pedem a seu pai que leve Jeferson também para a casa dele?

– Vou falar com ele – disse Mariza.

Beatriz arrumou toda a roupa deles, como também os brinquedos, e se despediu dos filhos com abraços e beijos. Jeferson ficou chorando, quando os irmãos saíram. Beatriz sentiu-se muito fraca e pensou: "Não agüento mais, acho que vou morrer logo. Devo encaminhar Jeferson antes de partir".

Na semana seguinte, seria feriado na quarta-feira e ela marcou um prazo e, se até esse dia Márcio não ficasse com Jeferson, iria deixá-lo no orfanato.

Não é fácil fazer um encarnado mudar de idéia. Tentei tudo o que foi possível para convencer Márcio a ficar com Jeferson. Apelei até para Paula que, por sua vez, procurou fazer o marido mudar de idéia. Nada adiantou, estava irredutível. Também pedi à Beatriz que falasse a todos a verdade sobre sua doença. Ela pensava: "Não quero piedade! Certamente irão dizer 'bem feito'. Ou não vão acreditar, pois já inventei tantas. Não quero que meu pai saiba, ele iria se preocupar e sofrer comigo; já sofreu muito. Não vou falar a ninguém".

Pesquisei detalhes para mais uma tentativa de ajuda, e achei. Fábio tinha um sinal de nascença, uma pinta no abdômen, um estranho sinal na pele. Parecia uma estrela com uma das pontas maior. O mesmo sinal tinha Jeferson e no mesmo lugar.

Temos, no plano espiritual, muitos remédios dos quais fazemos uso quando necessário. Fui ao laboratório da colônia e pedi um preparado que pudesse fazer a pele do encarnado avermelhar sem causar dano. De posse desse preparado, passei na pele em volta do sinal de Fábio, que ficou vermelha e chamou a atenção da mãe.

Todos reunidos na sala após o jantar, Paula comentou com Márcio sobre o sinal de nascença que Fábio tinha, e as crianças escutaram.

– Fábio tem um sinal de nascença? – Mariza indagou.

– Tem sim – respondeu o pai. – Uma pinta igual à do meu pai. Vocês querem ver uma foto do seu avô?

– Queremos – responderam os dois.

Márcio pegou um álbum e mostrou-o às crianças.

– Este é o avô de vocês. Aqui está sem camisa. Observem a pinta, bem visível. Meu pai dizia que era a estrela da sorte, porém não é para Fábio.

– E, como vocês podem ver, Fábio tem o mesmo sinal – disse Paula erguendo a blusinha de Fábio.

Mariza e Marcelo olharam calados. Intuída por mim, Mariza falou encabulada:

– Jeferson tem o mesmo sinal, igualzinho ao do Fábio.

– Quê!? – espantou-se Márcio.

– Tem sim – Mariza continuou a falar. – Ele também não é neto do vovô?

— Sim, é claro — respondeu o pai.

Mudaram de assunto, mas quando as crianças foram dormir, Márcio comentou com Paula:

— Se Jeferson tem o mesmo sinal, é porque deve ser meu filho.

— Márcio, faça um exame de paternidade — disse Paula. — Esse sinal é raro e só pode ser hereditário. Você pode estar sendo injusto com o menino. Hoje levei Fábio ao médico, que me disse que ele não deverá viver muito, porque sua doença no coração se agrava a cada dia. E eu não posso ter mais filhos. Lembra-se de que, quando tive Fábio, sofri uma hemorragia e para estancá-la tiveram que extrair o útero. Mas você tem seus filhos. Amo os dois como meus e amarei Jeferson.

Márcio ficou pensativo, mas não se decidiu.

Beatriz, como havia resolvido, não falou a ninguém de sua doença. A única a perceber que ela não estava bem, foi dona Lourdes, mas achou que fosse bebedeira. Beatriz não saiu mais de casa e tentava dar atenção a Jeferson que estava irritado, sentindo falta dos irmãos.

A quarta-feira chegou. Acabou o prazo que Beatriz dera a si mesma. Fraca, sentia que não tinha mais condições de esperar. Tinha que se internar. Conforme combinou, Mariza e Marcelo viriam à tarde para visitá-la.

Passei o mesmo medicamento no sinal de Jeferson e a pele avermelhou-se. Dona Lourdes viu e preocupou-se. Como faltava algum tempo para que as crianças chegassem, dona Lourdes saiu para passear um pouco com Jeferson que estava chorão. Beatriz ficou no leito e disse estar resfriada. Márcio, porém, veio mais cedo para que os filhos pudessem ver alguns amiguinhos. Insistiu com Paula para que fosse junto e levasse Fábio para passear. Ela foi e ficou aguardando o marido, na pracinha, perto do prédio em que dona Lourdes costumava levar Jeferson para passear. As duas, por minha intuição, sentaram-se no mesmo banco.

– É seu neto? Bonito menino – disse Paula.

– Não, é filho de uma vizinha. Tomo conta dele, é bonzinho, só que hoje está inquieto e chorão. Por isto saí um pouco com ele. Acho que é o vermelhão que apareceu na sua barriga. Olhe!

Levantou a camiseta de Jeferson, e Paula viu abismada o sinal.

– Como o garoto se chama?
– Jeferson.

Paula entendeu que tinha à sua frente o filho de Márcio.

Dona Lourdes logo se despediu, ia levar o menino para ver os irmãos. Márcio deixou as crianças no prédio e voltou para perto de Paula. Só mais tarde iria pegar os filhos.

– Márcio – falou Paula ao vê-lo –, vi Jeferson com dona Lourdes, a senhora que cuida dele. O menino é muito parecido com você e tem o sinal idêntico ao de Fábio. Beatriz deve estar falando a verdade. Talvez quando ela esperava a criança, num momento de raiva, para atingi-lo, disse que não era seu filho.

– Jeferson, meu filho? Nunca me importei com ele! Não gosto dele!

– Não gosta porque não viu nele seu filho. Se passar a pensar que é seu, gostará.

— Paula, que faço?
— Vamos pensar. Talvez Mariza e Marcelo quando voltarem possam nos dizer o que está acontecendo com Beatriz, e aí resolveremos.

No apartamento, Mariza e Marcelo brincaram muito com Jeferson. O garoto ficou feliz com a presença dos irmãos. Foram ver a mãe no quarto.

— Estou com muita dor de cabeça, não acendam a luz.

Beatriz os abraçou e beijou procurando manter a calma.

Ouvindo a campainha e a voz de Márcio, os meninos despediram-se e Jeferson começou a chorar alto, querendo ir junto. Beatriz tentou agradar o garoto. Não estava conseguindo ficar em pé e chorou também. Até que conseguiu que Jeferson se interessasse pela televisão.

Em casa, Marcelo comentou com o pai:
— Mamãe está feia, ela escureceu o quarto dizendo estar com dor de cabeça. Parece que está doente, está magra e pálida...

Insisti para que Márcio pensasse no choro de Jeferson. Ficou inquieto, até que perguntou:
— Mariza, Marcelo, vocês sentem falta de Jeferson?
— Sim, gostaria que ele estivesse aqui — respondeu Mariza. — Ele é tão pequeno. Sempre cuidei dele.
— Eu também o queria aqui — Marcelo falou sério. — Lá está sozinho. Se a mamãe sair, com quem ele ficará?
— Vamos buscá-lo! — disse Márcio.
— Vamos! — responderam Paula, Mariza e Marcelo. Até Fábio sorriu contente.

Mariza foi com o pai ao apartamento de Beatriz. Jeferson já estava dormindo e nossa doente, triste e pensativa. Decidira que no outro dia cedo levaria Jeferson para o orfanato e depois se internaria num hospital. A campainha tocou e Mariza gritou pela mãe. Beatriz levantou-se com dificuldades, abriu a porta e pediu:

— Mariza, só entre quando eu disser que pode.

Voltou ao quarto e esperou atrás da porta, que estava um pouco aberta. Quando gritou 'pode', Mariza e o pai entraram, e Márcio falou:

— Beatriz, viemos buscar Jeferson. Vou levá-lo comigo.

— Graças a Deus! — falou aliviada. — Sim, é claro, você pode levá-lo!

Márcio não pôde deixar de pensar: "Ela não quer mesmo mais os filhos."

— Mariza, vem me ajudar a arrumar as roupas de Jeferson.

Márcio trouxe duas malas e Mariza as levou para o quarto. Ele ficou esperando na sala. A mando da mãe, a filha arrastou a caminha de Jeferson para a sala. Márcio a desmontou e a levou para o carro. Jeferson dormia em uma das camas dos irmãos. Não demoraram muito, e as duas arrumaram todos os objetos do menino, que Márcio levou para o carro. Beatriz beijou o filho. Sabia que era a última vez que o fazia, esforçou-se para não chorar. Beijou também Mariza e pediu:

— Mariza, você já é mocinha, cuide dos seus irmãozinhos.

— Sim, mamãe.

Beatriz ajudou Mariza a pegar Jeferson e mandou que ela fosse para a sala. Viu pelo vão da porta Márcio pegar o garoto, e todos saíram sem nada falar. Beatriz, então, chorou sentida, mas estava aliviada. Os filhos ficariam juntos e com o pai.

Márcio e Paula colocaram a caminha de Jeferson no quarto, com as de Mariza e de Marcelo. Os dois estavam felizes. A sós, Márcio comentou com a esposa:

— Paula, o garoto parece realmente comigo. Vi seu sinal, é igual ao de Fábio. Vou me esforçar para amá-lo.

— Será fácil! Eu já o amo!

— Paula, você é meu anjo!

— Quando Deus nos levar Fábio, terei os três para me consolar. São crianças tão carentes! Fábio gosta deles e eles, do nosso filho.

Beatriz dormiu pouco. Quando clareou o dia, escreveu algumas cartas. Ao seu pai, contando tudo o que acontecia e lhe pedindo perdão. Depois escreveu aos filhos. Não deixei que se queixasse, e ela me atendeu. Foi simples, falando que os amava muito e pedindo que fossem bons. Repartiu suas jóias entre eles.

Quando dona Lourdes chegou para trabalhar, Beatriz, não querendo que ela a visse, disse do quarto:

— Dona Lourdes, Márcio veio buscar Jeferson para morar com eles. Por isto não preciso mais da senhora. Quero agradecer-lhe, pois foi muito boa conosco. Em cima da mesa está o dinheiro que lhe devo. Gostaria de lhe pedir mais um favor: que a senhora pagasse essas contas para mim. Também quero lhe dar os objetos que estão em cima de mesa, porque sei que a senhora os aprecia. Vou viajar por uns tempos.

— Não quer nem que eu limpe a casa?

— Não é necessário e agradeço.
— Então boa viagem e, obrigada. Pagarei tudo para a senhora.

Quando dona Lourdes saiu, Beatriz trancou a porta. Deixou as cartas em cima de sua cama e arrumou numa sacola pequena algumas roupas que julgou precisar no hospital.

Depois telefonou para Márcio e deu rapidamente o seu recado.

— Márcio, estou de férias e vou viajar.

O ex-marido não pôde deixar de comentar com seus colegas de trabalho:

— Foi por isso que deixou as crianças comigo. Só que não quero devolvê-las, porque penso em ficar com elas. Vou consultar um advogado e pedir em juízo a guarda deles.

— Márcio, aguarde mais um pouco. Acho que Beatriz não irá querer mais os filhos — disse um dos seus colegas.

— É, tem razão, vou aguardar.

Beatriz trancou o apartamento, deixou a chave com o porteiro, pegou um táxi e foi para o hospital.

No hospital, aguardou uma consulta do convênio do governo a que tinha direito por ser registrada no trabalho. O médico ao verificar os exames deixou-a internada. Beatriz não lutou pela vida. Triste e deprimida, ficava calada quase o tempo todo. Mas não se queixava. Fiquei bastante ao seu lado. Pensou muito nos seus erros e a incentivei a orar. A oração foi-lhe de grande alívio e consolo, como é sempre para todos os que a fazem de modo sincero.

Nesse tempo em que Beatriz ficou no hospital, seus filhos sentiram sua falta. Mas estavam muitos felizes com o pai. Brincavam com Fábio, que passou a ser mais alegre. Alimentavam-se bem e na hora certa, não ficavam mais sozinhos e, com minha ajuda, Jeferson acabou por conquistar o pai. Às vezes, os dois mais velhos indagavam a Márcio:

— Papai, quando mamãe volta?
— Não sei.

Márcio respondia, mas pensava que seria bom ela não mais voltar.

Beatriz, no estado agravado em que estava sua doença, não demorou muito para desencarnar. Sua desencarnação foi agoniada. Horas após seu corpo ter morrido, consegui desligá-la e levá-la adormecida para um posto de socorro. Ela deixou os telefones de dona Lourdes e de Márcio no hospital e, quando desencarnou, telefonaram avisando. Márcio levou um susto, mas tratou de cuidar de tudo. Avisou o pai de Beatriz, que veio com o irmão dela. Márcio e Paula acharam melhor as crianças não verem a mãe morta. Disseram-lhes que a mãe morrera longe, de acidente. No velório e no enterro só havia cinco pessoas, o pai, o irmão, dona Lourdes, Márcio e eu.

Resolvidos a se desfazerem do apartamento, foram lá os quatro e acharam as cartas. Márcio as pegou, prometendo entregar aos filhos, juntamente com as jóias. Em conversa rápida, deixaram que dona Lourdes vendesse todos os móveis, pagasse as despesas do apartamento e entregasse as chaves ao proprietário. O pai e o irmão retornaram logo para a cidade em que residiam.

Márcio leu as cartas e comentou com Paula os acontecimentos.

– Beatriz estava doente, e eu fazendo idéia errada do seu comportamento.

– Márcio, você não teve culpa, Beatriz aprontou muito, era natural que desconfiasse dela. Vamos esquecer tudo isso. Temos quatro filhos para educar e encaminhar na vida. É neles que devemos pensar.

– Que agora são nossos, nada e ninguém os tirará de nós. Seremos felizes – disse Márcio disposto a esquecer o passado.

De fato, embora com os problemas de Fábio, eram felizes. Márcio, de boa índole, acabou amando Jeferson que cresceu forte, sadio e honesto, reconciliando-se, no dia-a-dia pela convivência, com seu desafeto do passado.

Não descuidei de Beatriz, procurando sempre saber dela. Após alguns meses de sua desencarnação, fui visitá-la.

– Que surpresa agradável! – exclamou Beatriz contente por me ver. – O doutor desencarnado que cuidou de mim com tanto carinho.

– Como vai, Beatriz? Que bom encontrá-la bem e consciente de seu estado de desencarnada.

– Como se chama?

– Antônio Carlos.

– Eu não merecia tanto cuidado e carinho. Sentia, quando encarnada e doente, o senhor perto de mim, consolando-me, incentivando-me a ter resignação e paciência, e a orar. Depois, quando desencarnei, vim a saber que fora o senhor quem me trouxe para este posto de amor e que tem procurado sempre saber notícias minhas. O senhor teve por mim, quando estive doente, um carinho de pai. Agradeço-lhe de coração. Sem sua ajuda, certamente, teria agido de outra forma e depois de desencarnada iria vagar ou ir para o umbral. Não fiz amigos nem encarnados, nem desencarnados. Certamente ninguém se lembraria de mim para um socorro. Ainda bem que segui seus conselhos, arrependendo-me dos erros e orando. Meu amigo e benfeitor, por que fez tudo isso por mim?

— Beatriz, você está se esquecendo que Deus é Pai de todos nós e que nos ama muito.

— Estava tão afastada de Deus! Sei que Ele não se afastou de mim, mas sim eu, Dele. Mas por que me ajudou?

— Por Jeferson. Seu filho mais novo e eu somos amigos. Prometi ajudá-lo quando ele decidiu reencarnar.

— Então, foi por ele que me ajudou — falou Beatriz.

— Sim.

— Sabe dos meus filhos? Tenho enorme saudades.

— Márcio aceitou Jeferson e o ama. Estão todos muito bem, saudáveis e felizes.

— Estão melhor agora do que quando estavam comigo — disse Beatriz com tristeza.

Nada respondi. Compreendi que ela possuía total consciência dos erros do passado, mas, como o passado ficou para trás, deveria ter esperanças no futuro, e isso ela possuía. Desejava o melhor para si, e querer é lutar para conseguir. Permanecemos por instantes em silêncio. Depois Beatriz falou olhando-me:

— Antônio Carlos, quando fiquei grávida de Jeferson, Márcio e eu já não vivíamos bem e eu não queria mais filhos. Pensei em abortar, cheguei mesmo a procurar alguém que me fizesse isso. Mas não tive coragem. Com todos os meus defeitos, amei, amo meus filhos, e amei Jeferson antes de ele nascer. Agora entendo o bem que fiz a mim mesma, não abortando. Se o tivesse feito, Jeferson, seu amigo, não teria reencarnado, o senhor não teria ido ajudá-lo e conseqüentemente também não teria me auxiliado, porque não mereceria ajuda. Teria sofrido muito mais e certamente estaria sofrendo ainda. Agradeço todos os dias ao Pai Misericordioso e agora ao senhor.

Sorri em resposta ao agradecimento sincero de Beatriz. Ela estava certa, se não fosse por Jeferson eu não a teria ajudado. Sorrindo, também, Beatriz completou:

– Ainda bem que tive Jeferson!

Quem me Matou?

Estava sentado em minha poltrona preferida, na sala de minha casa, após um exaustivo dia de trabalho. Assistia, como de costume, ao programa preferido na televisão, quando ouvi um estampido e senti uma dor no peito. A dor foi tão forte e aguda que perdi os sentidos.

Acordei num leito alvo e confortável. Lembrei-me de tudo o que senti.

– Que será que me aconteceu? – murmurei baixinho.

Confuso, não sabia o que ocorrera. De repente, vi minha mãe entrar no quarto em que estava. Olhava examinando-me, ao entrar bem devagarinho. Estranho, não tive medo, mesmo porque minha mãe havia desencarnado há muito tempo. Parece que ao vê-la entendi que meu corpo morrera, embora não sabendo como nem por quê. Como se a morte do corpo pudesse dar estas respostas: do "como" e do "por quê". Acho que estar encarnado é ser candidato à desencarnação. Mamãe veio até mim de mansinho.

— Oi, mãe – disse. – A sua bênção!

— Deus o abençoe!

Abraçamo-nos. Silenciamo-nos por minutos e depois a enchi de perguntas.

— Morri, mamãe? Por quê? O que aconteceu? Onde estou? Vou ficar aqui para sempre?

— Calma, Clóvis – respondeu minha mãe tranqüilamente. – Foi só seu corpo que morreu. Você está se recuperando num posto de socorro. A vida continua e você poderá ficar aqui ou ir para outros lugares tão bons e belos quanto este. Terá muito o que fazer aqui, onde poderá estudar e trabalhar.

— Estudar e trabalhar? – indaguei e calei-me, não gostei muito da idéia, no momento. Havia trabalhado tanto durante toda minha vida encarnada e me achava velho para estudar.

— Clóvis, é melhor descansar agora. Volto depois.

Mamãe achou melhor eu ficar sozinho e me inteirar da vida de desencarnado aos poucos. Saiu e fiquei a pensar.

"Fui assassinado! O barulho que ouvi foi de uma arma de fogo e a dor foi da bala entrando no meu corpo" – concluí.

Esperei ansioso pela visita de mamãe e logo que ela chegou lhe falei:

— Mamãe, fui assassinado! Por quem? A senhora sabe?

— Clóvis, esqueça esses detalhes. Deve pensar no futuro e não no passado. Que adianta você saber; mudaria alguma coisa?

– Detalhes? – indaguei sentido. – Alguém me matou e a senhora diz serem detalhes?

– Esqueça esse fato, por favor.

Mas eu era teimoso, não me esqueci e isso me incomodava. Um orientador do hospital veio conversar comigo. Tentou ajudar-me com conselhos e orientação.

– Não pense mais nisso – disse ele, tentando convencer-me. – Direcione seus pensamentos para o que irá fazer de agora para frente, pense em sua existência na espiritualidade e na alegria de poder ser útil.

Agradeci os conselhos. Mas continuei a matutar: "Fui assassinado. Mas por quem? Se mamãe e o orientador sabem, não irão me falar. Preciso saber".

Pedi licença para sair do posto e ir para casa e investigar. Não me deram. Não estava ainda em condições de sair do hospital. Tinha que aprender muito e não poderia ter permissão para algo tão trivial. Essa, a opinião deles. Para mim, era importante saber quem me matara. Era essencial. Resolvi sair do posto de socorro e descobrir. Não adiantaram conselhos e rogos de minha mãe. Saí mesmo!

Voltei ao meu ex-lar. Tudo permanecia como sempre. Minha esposa pareceu-me muito cansada, envelhecera, estava triste e saudosa. Fomos casados por trinta e quatro anos, tínhamos três filhos, todos casados. Minha casa era grande e dávamos pensão a um grupo pequeno de pessoas para ajudar nas despesas. Quando os filhos estavam na idade de estudar, o dinheiro era para custear seus estudos. Também, Maria, minha esposa, gostava de ajudar a família. Ultimamente, havíamos nos acostumado com os hóspedes e continuamos a ajudar os filhos e netos.

Os hóspedes continuavam os mesmos. Todos pessoas boas: um jovem casal, dois moços que estudavam, e Ari, hóspede de muitos anos.

Se havia voltado para investigar, era melhor começar logo. Primeiro, a esposa, pois nunca se sabe... Embora nos quiséssemos bem e confiasse nela. Mas, enfim, todos eram suspeitos. Lendo seus pensamentos, vim a saber o que realmente aconteceu. Fui assassinado, deram-me um tiro e a polícia nada descobriu, não achando nenhuma pista. Não foi para roubar, já que nada levaram e ninguém da casa viu qualquer coisa suspeita. Assim a polícia nada descobriu nem fez força para desvendar o mistério. Mas ainda bem que não foi a minha Maria. Ela não sabia de mais nada: sofreu e sofria muito com meu desenlace.

Fiz uma lista de suspeitos e continuei a investigar. Verifiquei os filhos, e tive até remorso, porque eles me queriam muito bem. Aliviado, risquei os familiares.

Investiguei os hóspedes. Também nada, não foram eles. E, incrível, todos sentiam minha falta.

Fui à fábrica, onde tantos anos trabalhei, nada. Ninguém entre meus companheiros de trabalho era o assassino.

A lista acabou. Estava difícil realmente de descobrir o assassino. Fiz outra lista, desta vez com os nomes de pessoas com quem tive alguma desavença ou discussão. Pensei, pensei e vi que eram poucas as pessoas e com todos fiz as pazes. Fui... era um sujeito pacato.

"Mas, afinal, quem me matou?" – indagava e não conseguia resposta. Mamãe, pacienciosa, veio até mim, insistindo para que voltasse ao posto de socorro com ela.

– Clóvis, você é bom! Foi ótimo filho, esposo, pai e amigo, cumpridor de seus deveres e todos gostavam de você. Fiquei feliz em poder socorrê-lo, quando desencarnou. Esqueça esse fato! Que diferença irá fazer? Venha comigo!

– Não, mamãe, não vou porque não consigo esquecer. Estava aqui, nesta poltrona, quando recebi o tiro e não vi quem foi. Quero saber!

Mamãe despediu-se triste e fiquei a matutar. A verdade é que não tinha mais quem investigar. Fiquei sentado na sala, tentando achar a solução para tão complicado enigma. Foi quando vi Ari, nosso hóspede, sair às escondidas, passar pela sala examinando bem se não era visto por ninguém. Observando-o, percebi que ele tinha meu jeito de andar, embora fosse bem mais novo que eu: regulávamos no peso e altura. Como não estava fazendo nada, resolvi seguir nosso hóspede, que com cuidado saiu pelo vitrô da sala que dava para os fundos, subiu no muro e pulou no quintal da vizinha ao lado. O safado foi encontrar-se com a nossa bonita e alegre vizinha, que era casada com um sujeito um tanto estranho e calado.

Não tendo nada com sua atitude, ia retirar-me, quando a escutei dirigir-se a ele:

– Ari, você tomou cuidado? Sabe bem que meu marido é capaz de matá-lo, se vier a descobrir nosso caso. Vai ser difícil de ser confundido com outro novamente.

Confundir com outro? Isto me intrigou. Retirei-me, mas voltei quando o vizinho chegou em casa. Fiquei ao seu lado e indaguei-o. Muitas vezes o desencarnado pode induzir um encarnado a pensar no que deseja. Aproximei-me bem dele e fiz com que pensasse em mim e na minha desencarnação.

Triste, descobri que o vizinho confundiu Ari comigo. Pensou, pensava que eu estava tendo encontros com sua esposa. Planejou e me assassinou friamente, usando o mesmo caminho que Ari fez naquela tarde.

Não me alegrei com o que descobri. Como poderia alguém tirar a vida física de outro, de modo tão frio, sem sequer odiar, ou ter certeza de que por ele fora traído. Pior é que ele não tinha remorsos e, como descobri lendo pensamentos, já assassinara outros e tudo por causa da esposa que continuava traindo-o.

Voltei para meu ex-lar terreno, escondi-me num dos cantos da sala e chorei. Depois de um bom tempo assim, cheguei a uma conclusão: "Sou um defunto vivo em espírito, um desencarnado, que não deve ficar entre os que têm corpo físico, ou seja, os encarnados. Eles não me vêem e eu não participo mais da forma de vida deles. Devo ir para onde estava. Mas como? Não sei voltar. Talvez mamãe me ajude de novo". Então pensei: "Mãe, mamãe, por favor!".

Chamei-a concentrando-me, implorando ajuda. Não demorou muito e ela estava na minha frente. Ao vê-la, refugiei-me em seus braços, como se ainda fosse criança.

— Mamãe, descobri quem me assassinou. E não me fez bem nenhum. Morri por engano!

— Clóvis, melhor assim do que se fosse culpado! Voltemos ao posto de socorro, meu filho. Esqueça tudo isso!

— Eles nunca vão ficar sabendo quem me assassinou! – queixei-me.

— Que importa? O criminoso sabe e não pode fugir do seu ato. Nunca esquecerá. Se no momento não sente remorso, um dia o terá, e também sentirá a reação desse crime.

Voltei com ela para o posto de socorro, onde me entreguei à vida espiritual. Vim a saber também que nem todos que desencarnaram assassinados e não viram o responsável, têm esta curiosidade. Isto aconteceu comigo particularmente. Maria, minha esposa querida, logo se encontraria comigo e esforcei-me para ficar apto a ajudá-la no momento em que, por algum motivo, deixasse o corpo físico. Depois, pensando bem, concluí: não nos importam os "como" e "por quês". O corpo morre, e pronto, é perecível!

4

O Rapto

Recebi um agradável convite.
– Antônio Carlos, você não quer vir comigo visitar dois dos meus filhos? Ficarei contente se vier. Um dos encarnados que visitarei, necessita de uma assistência médica.

Epitácio é um amigo de muito tempo, e trabalhávamos juntos nessa ocasião.

– Irei com prazer – respondi.

Assim, acompanhei Epitácio na visita a seus entes queridos. Dois de seus filhos moravam numa casinha modesta no subúrbio de uma cidade de porte médio. Rodrigo de oito anos e Juquinha de três anos, foram adotados por Justina, que era solteira, negra, bondosa e de sorriso encantador. Não só adotou os dois filhos do meu amigo, como também outras duas crianças, Lenita, de seis anos, e Donizette, de quase quatro. A casa era pobre, mas limpa e não faltava o necessário.

Lenita estava acamada com forte crise de bronquite.

– Pedi para vir comigo – disse Epitácio – para que ajude Justina.

– Pensei que fosse Lenita a preocupá-lo!

Cheguei perto de Justina e a examinei. Para um médico desencarnado que tem anos de experiência, não é difícil ver a doença no corpo físico ou perispiritual. Assim, constatei que ela estava com uma das artérias principais quase bloqueada pelo colesterol.

– Antônio Carlos – disse Epitácio –, é tão importante que Justina viva encarnada e com saúde mais um tempo.

Justina tinha quarenta e três anos, e só estava com este problema de saúde, era forte e corpulenta. Todos merecem ajuda, principalmente quem pede. Epitácio pedia por ela e certamente meu amigo tinha motivos fortes para interceder em seu favor. Quanto à nossa ajuda, a dos desencarnados, depende de muitos fatores. Porque nem sempre a doença é a pior coisa. Às vezes uma doença é um sofrimento necessário, um grande remédio para o espírito. Também nossa ajuda deve ser aceita nem tudo podemos ou temos permissão para fazer.

O jantar simples foi servido. Após, Justina foi lavar a louça, ligou o rádio, e os meninos foram brincar. Lenita continuou no leito.

Rodrigo e Juquinha eram claros, Lenita e Donizette eram mulatos, todos muito bonitos.

– É melhor, para que entenda – disse Epitácio –, que eu conte minha história. Morava, quando encarnado, aqui perto. Minha esposa e eu há muito conhecemos Justina, e uma sincera amizade nos uniu. Trabalhava na lavoura, como bóia-fria, e Justina sempre foi empregada doméstica. Ela morava aqui mesmo com os pais e cuidou deles, quando velhos, com muito amor. Quando desencarnaram, ficou sozinha. Eu era saudável, mas desencarnei por causa de uma picada de cobra. Deixei a esposa com seis filhos, e Juquinha, o meu caçula, que se chama José, ainda no ventre da mãe. Justina ajudou muito minha família, ela é madrinha de Rodrigo. Minha esposa passou por muitas dificuldades, e Justina sempre esteve ao seu lado. Quando Juquinha estava com quatro meses, minha esposa sentiu-se mal, foi internada e diagnosticaram câncer em estado adiantado. Sabendo que ia morrer, deu os filhos, e dois ficaram com Justina que já havia adotado Lenita e Donizette. Meus outros quatro filhos estão bem, não moram juntos, mas cada um com uma família diferente, só Rodrigo e Juquinha estão aqui. Embora meus outros filhos estejam bem, não são tão amados como estes dois. Justina é nossa benfeitora.

– E sua esposa? – indaguei.

– Está muito bem. Estuda na colônia e vem sempre também ver os filhos – respondeu Epitácio.

Foram dormir. Mediquei Lenita que, aliviada, dormiu tranqüila. Não foi difícil ver a existência anterior da menina. Lenita, na encarnação passada, tomou forte dose de veneno e veio a desencarnar. Foi uma suicida.

– Justina está tendo dores no peito, cansaço e falta de ar – explicou-me Epitácio.

Pedi ajuda a uma equipe de médicos desencarnados, da colônia, que gentilmente veio e, após horas de trabalho, desobstruímos uma artéria no peito de Justina. Epitácio ficou olhando e orando o tempo todo. Quando acabamos, despedimo-nos da equipe, agradecendo. Falei esperançoso a Epitácio:

— Justina ficará bem!

Lenita melhorou, mas fui examiná-la novamente e a menina sonhava. No seu sonho, seu cérebro físico recordava-se de seus pais, mulatos bonitos, e da casa onde morava, que era confortável e grande.

De manhã, Justina acordou e sentiu uma fraca dor no peito. O ideal seria que ela repousasse, porém tinha muitos afazeres. E trabalhou como sempre: fez o almoço, arrumou a casa, lavou as roupas e acordou as crianças, deixando o café para Rodrigo, recomendando-lhe:

— Rodrigo, fique bonzinho! Volte para casa como sempre lá pelas onze horas e almoce, depois vá à escola.

— Sim, madrinha.

— As crianças — explicou-me Epitácio — chamam Justina de madrinha.

Beijou Rodrigo e saiu com os outros três. Levava-os à creche onde os deixava para ir trabalhar. Rodrigo não ia porque estava na escola e engraxava sapatos, no centro da cidade. Era uma criança responsável, mas Justina se preocupava em deixá-lo sozinho.

Justina, depois, foi para o trabalho. Empregada doméstica, trabalhava muito, mas era bem remunerada pela tarefa que exercia. Fazia todo o serviço da casa e ainda cuidava de uma senhora doente, dando-lhe, às vezes, até banho. Trabalhava na casa de um casal que tinha os dois filhos casados, e com eles morava a mãe de sua patroa, que era muito idosa e doente.

Indaguei a Epitácio:

– Lenita e Donizette são órfãos?

– Não sei, Justina os achou perdidos perto de sua casa. Os dois estavam muito magros, famintos e machucados por terem sido surrados. A menina na época dizia ter três anos e chamar-se Lenita. O menino aparentava ter um ano e poucos meses. Ela chamava o menino de Dom. Justina achou que era Donizette e o chama assim. Na época, Justina foi à delegacia, a polícia procurou investigar, mas não achou os pais das crianças. Lenita não sabia explicar onde moravam nem o sobrenome que tinham. Só contou que o homem mau bateu neles. Justina, então, ficou com eles e os ama muito.

– Que história interessante! O que poderia ter acontecido com estas crianças? Quem os teria abandonado? – indaguei curioso. – Epitácio, será que não há uma pessoa que poderá me informar mais sobre o assunto?

– Talvez Samuel saiba mais alguma coisa, ele é um socorrista desencarnado, que está sempre pela região.

Fomos até ele, que gentilmente nos disse o que sabia sobre as crianças.

– Lenita e Donizette foram abandonados de madrugada, perto da casa de Justina. Uma camionete parou e um homem os deixou sozinhos e chorando. Escutei o homem falar: "Fiquem aqui, filhos do cão, já que não tenho coragem de matá-los. Mas para eles será o mesmo que tivessem morrido, porque não irão achá-los mesmo!". Depois foi embora em disparada.

– Lembra-se de que cidade era a camionete? – indaguei.

Depois de esforço para recordar, Samuel falou o nome da cidade.

– Já é uma pista, agradeço, ajudou-me bastante.
– Vai tentar encontrar os pais das crianças? – perguntou-me Samuel. – Por quê?
– Vou tentar achá-los, sim. A história desses garotos me intriga. Talvez eles não tenham sido abandonados pelos pais, mas raptados.

A cidade escrita na camionete era bem longe daquela onde residiam Justina e as crianças. Ficava em outro Estado. Também existia a possibilidade de a camionete ter sido emplacada em outra localidade. Achando muito misterioso o abandono das crianças, resolvi investigar. Registrei na memória as fisionomias das pessoas com quem Lenita havia sonhado.

Epitácio retornou à colônia e ao seu trabalho. Justina estava bem, o socorro espiritual dera resultado. Eu, porém, fui à cidade citada por Samuel, ao local da placa da camionete. Cidade pitoresca, porém não era tão pequena e não seria fácil investigar sozinho. Localizando um centro espírita, fui até lá pedir informações. Um trabalhador desencarnado da casa soube me informar.

– Há três anos foram raptados dois filhos de um casal. Eles são mulatos como descreveu, talvez sejam os mesmos. Levo você até a casa deles.

Ao ver Marília e Edson, reconheci-os. Descansavam após o jantar. Resolvi ficar ali no lar deles. Despedi-me agradecendo ao meu cicerone. Indaguei-os em pensamento e isto bastou para que recordassem o passado. Marília disse ao esposo.

– Onde será que estão nossos filhos? Estarão vivos? E bem?

– Não se martirize, Marília – respondeu Edson. – Confiemos. Iremos encontrá-los, confio em Deus.

– Quanto mais o tempo passa, mais sofro. Queria tanto revê-los!

Marília recordou o que aconteceu. Numa tarde, ela foi tomar banho e deixou as crianças brincando no quintal. Ao sair do banho não os encontrou, e o portão que dava para a rua estava aberto. Procurou os filhos pela vizinhança, mas ninguém soube dizer nada. Apavorada, chamou a polícia. E jamais tiveram notícias deles. Ficaram desesperados e angustiados. Mesmo três anos depois, choravam de tristeza e saudades. O casal teve outro filho, Edinho. Um garoto tão bonito quanto os outros dois. Também descobri que o nome do menino raptado não era Donizette, mas Roberto. Lenita, pequena, tratava o irmão de Dom e Justina concluiu ser Donizette e assim o chamava.

A casa de Marília e Edson era grande e confortável, de classe média. Edson tinha bom emprego e ganhava bem. O casal, religioso, seguia com fé sua crença, eram adventistas.

Pedi a meus superiores permissão para tentar ajudá-los. Para minha alegria, recebi-a de imediato. Horácio, um amigo, que há tempo trabalha em casos difíceis, viera ajudar-me.

Agora eu sabia onde estavam os pais e onde se encontravam os filhos. O problema era levá-los a descobrir. Optamos pelo sonho. Afastaríamos da matéria dormente os encarnados envolvidos nesta história e tentaríamos conversar com eles e incentivá-los a procurar os filhos no lugar certo. Sonhos podem ter muitos significados. Muitos levam a sério até demais, outros nem tomam conhecimento. Iríamos insistir fazendo com que, tendo sonhos repetidos, viessem a acreditar e, assim, os levaríamos a investigar. Faço, entretanto, um alerta quanto aos sonhos. Podem ser recordações de outras encarnações e da atual, ou encontros com pessoas encarnadas e desencarnadas. Pode acontecer que o perispírito saia do corpo físico e a pessoa recorde total ou parcialmente o ocorrido. Mesmo com sonhos repetidos, devemos ser cautelosos ao analisá-los, porque podem ser avisos de bons espíritos como de maus, ou, também, reflexo de um problema que aflige quem sonha.

Horácio ia encarregar-se dos pais e eu, de Lenita. No horário combinado, levei Lenita em perispírito ao lar de seus pais, enquanto seu corpo ficou dormindo na casa de Justina. Lenita chegou encabulada, mas quando viu os pais reconheceu-os e estes a ela. Abraçaram-se emocionados.

— Lenita, como você está linda! Como cresceu! — exclamou a mãe emocionada.

O primeiro encontro foi rápido, levei Lenita de volta e Horácio retornou os pais aos corpos físicos, que estavam adormecidos. No outro dia ao acordar, Lenita comentou com Justina:

— Madrinha, sonhei com uma fada linda e boa que mora numa casa grande e bonita.

Em Edson ficou somente uma lembrança de que vira a filha. Mas Marília recordou parte do sonho.

Pacientes, Horácio e eu fomos sempre que possível fazendo com que se encontrassem.

Mas Lenita ficou saudosa e triste e, na creche, começou a chorar que queria a mãe e o pai com quem sonhava e que moravam naquela casa bonita.

Marília começou a inquietar-se com os sonhos. Passei a ficar durante o dia com ela e tentei achar alguém de seu convívio para nos ajudar. Eles não acreditavam, tornando tudo mais difícil. Embora não aceitando muito benzeções,

Marília às vezes levava Edinho para que uma senhora que morava perto de sua casa, o benzesse. Ia escondida tanto do marido como dos membros de sua religião. Como uma vizinha e amiga levava o filho, ela ia junto. E, como isso fez bem ao Edinho, passou a levá-lo mais vezes. Dona Bárbara, a benzedeira, era católica, mas médium. Ao benzer o menino, pude intuí-la para que dissesse à Marília que via seus outros dois filhos vivos e sadios. Marília começou a chorar e lhe contou os sonhos.

— Dona Bárbara, tenho sonhado com Lenita. Ela me aparece em sonhos sadia, bonita e diz que o irmãozinho está bem.

— Sonhos repetidos podem ser avisos — falou dona Bárbara. — Quando sonhar novamente pergunte à menina onde está, em que cidade.

— Será que posso? Em sonhos não se manda.

— Fixe a pergunta antes de dormir. Queira saber. Tente!

Marília foi para casa resolvida a tentar e pôs-se a pensar que iria perguntar à filha onde ela estava.

Fui ficar com Edson. Descobri que um colega dele de trabalho era espírita. Pedi-lhe várias vezes que comentasse com o amigo o que estava ocorrendo. Até que me atendeu, chamou o colega para uma conversa reservada e comentou os sonhos que ele e a esposa estavam tendo.

— São sonhos repetidos, acordo e tenho a sensação de que realmente estive com minha filha. O que me diz sobre isso? Que acha desses sonhos?

Como é bom encontrar bons espíritas em nossa ajuda. O moço explicou a Edson sobre sonhos e o aconselhou que retornassem às buscas. Que indagasse à filha, quando sonhasse, para saber onde eles estavam.

O casal comentou o ocorrido.

— Isto está parecendo algo mais do que uma simples coincidência — disse Marília. — Ambos recebemos o mesmo conselho.

— Marília, vamos tentar seguir as instruções que nos foram dadas. Quem sabe não descobriremos nossos filhos?

Pedi a Lenita tanto com ela acordada, intuindo-a, quanto desligada pelo sono, que dissesse aos pais a cidade em que morava.

Marília adormeceu preocupada com a pergunta.

Levamo-los para outro encontro. Após os abraços, Marília indagou à filha:

— Minha filha, onde mora? Em que cidade?

Lenita falou e Marília repetiu várias vezes. Horácio a levou para o corpo rapidamente e a acordou. Marília despertou falando o nome.

— Edson, acorda!

Marília acordou o marido, que Horácio acabara de levar ao corpo.[2]

— Que foi? — indagou Edson assustado.

---

2 – Quando encarnados, temos ligados nosso perispírito ao nosso corpo físico. O corpo de carne é como uma roupa para nosso espírito. O perispírito sai do corpo carnal consciente ou quando dorme. Consciente necessita aprender, ter conhecimentos, e isto deve ser feito para ser útil. Quando o corpo dorme, muitas pessoas saem, isto é, o perispírito fica preso ao corpo por um cordão. Só é realmente desligado quando o corpo de carne morre, há a desencarnação. Quando o encarnado dorme, ele pode sair sozinho ou com ajuda de outra pessoa que pode ser encarnado ou desencarnado. Muitas pessoas saem sozinhas e vão para lugares afins. Isto não apresenta perigo algum ao encarnado. E para muitos estes momentos de liberdade são prazerosos e muito úteis. E, para termos sempre boa proteção e ir a bons lugares, é bom que oremos sempre, antes de dormir (N.A.E.).

– Acordei falando o nome de um santo.
– Parece que ouvi Lenita dizer este nome. Que poderá significar isto?
– Amanhã irei perguntar à dona Bárbara – disse Marília.

A cidade onde Lenita estava com Justina tinha o nome de um santo da Igreja Católica. Marília confundiu-se, achou que era o santo que os ajudaria. Não acreditava nesses títulos, mas se era para achar os filhos tentaria tudo.

No outro dia cedo, Marília foi à casa de dona Bárbara. Acompanhei-a.

– Dona Bárbara, sonhei com um santo, ou pelo menos com o nome de um santo.

Para minha alegria, dona Bárbara concluiu:

– Você não sonhou com santo. Não ia perguntar à sua filha onde ela estava? Não existe uma cidade com esse nome?

– Mas é tão longe daqui!

– Marília, seus filhos não devem estar perto, senão já os teria achado.

Marília ficou esperançosa. No almoço, contou ao esposo a conversa que teve com dona Bárbara. Edson, à tarde, aconselhou-se com o colega espírita.

– Vão até essa cidade! Tentem! Estamos perto de um feriado prolongado. Acredito que vocês estão se encontrando com sua filha nesses sonhos e que ela lhes disse onde está.

Resolveram ir. Temendo que não os achassem, levei-os para outro encontro e pedi à Lenita que dissesse à mãe que os procurasse na creche. Insisti em que Marília repetisse várias vezes. Ao acordar, recordou-se da creche, e concluiu que deveria procurar os filhos em creches.

Deixaram Edinho com os avós e viajaram. Foram esperançosos, Horácio e eu os acompanhamos. Hospedaram-se num hotel, e no outro dia, logo cedo, foram visitar as creches da cidade. Marília explicava nas creches o que foram fazer.

— Estamos procurando uma menina de seis anos e um menino de três anos. São mulatos e adotados. A menina chama-se Lenita.

Na terceira creche uma resposta esperançosa.

— Temos duas crianças como descreveu e são adotadas. Vou buscá-las.

Lenita ao vê-los gritou contente e correu para a mãe.

— A fada com que sonho! A outra mãe!

Choraram emocionados. A assistente da creche telefonou para Justina que veio rápido e preocupada.

Lenita ao ver Justina gritou contente:

— Madrinha, estes são os meus pais. Meu pai e minha mãe!

Justina levou um susto, e Marília explicou:

— Senhora Justina, tivemos nossos filhos raptados e foram abandonados aqui, nesta cidade. Como eles vieram até a senhora?

Justina falou tudo o que sabia e concluiu:

— Que maldade! Julgamos que eram órfãos ou que foram abandonados pelos pais. Nunca poderia imaginar uma maldade dessas.

Justina ficou feliz por terem encontrado seus pais, porém sentia deixá-los. Lenita não saía do colo da mãe, mas Roberto assustado não queria largar Justina. Passaram a tarde juntos. Edson e Marília foram à casa de Justina e não puderam conter o espanto, ao ver que eles moravam numa casinha tão simples e pobre. Aquela noite Lenita foi dormir com os pais no hotel, e Donizette-Roberto ficou com Justina.

Edson teve uma idéia.

– Justina, venha conosco, mais os outros dois meninos. Vamos todos morar juntos, nossa casa é grande e tem muito espaço.

Justina pensou muito, pediu conselhos aos patrões que lhe disseram:

– Justina, você criou, cuidou dos filhos deles todos esses anos, agora querem recompensá-la. Eles têm posses, achamos que deve aceitar.

Justina aceitou, desfez-se de sua casinha, acertou tudo e partiram. Logo na chegada, Justina se decepcionou. Agrados e presentes foram para os dois, Lenita e Roberto, enquanto Rodrigo e Juquinha ficaram só olhando.

– Você, Justina, vai dormir com os dois meninos no quarto do quintal – disse Edson.

Justina gostou do quarto, era grande e espaçoso, mas no quintal. Era para lá que iriam quando a família recebesse visitas. E, quando a apresentavam, era como empregada. Escutei com tristeza Edson dizer para Marília:

– Não dê moleza à Justina, mande-a fazer todo o serviço, e não deixe os dois meninos entrarem em casa.

Como a ingratidão tem gosto de fel. Justina passou a trabalhar muito, mas não se importava, pois estava acostumada; não gostou foi do modo como tratavam seus dois meninos.

Assim que chegaram, a cidade toda ficou sabendo da volta dos garotos. Edson evitou o colega espírita, nem o agradeceu. Também evitaram comentários sobre o assunto. Disseram que foi pura coincidência. Mas o homem que raptou as crianças, deixou escapar entre alguns amigos:
"Não sei como os acharam, deixei-os tão longe!"
Edson ficou sabendo e fez uma denúncia. O delegado o interrogou e ele acabou por confessar. Antes de Marília se casar, fora namorado dela, que o trocou por Edson. Apaixonado, não se conformou em vê-los felizes. Planejou e executou o rapto. Foi condenado e preso.

O Natal se aproximava e Justina resolveu ir embora antes dessa data. Escreveu para sua ex-patroa narrando os acontecimentos.

A mãe da ex-patroa de Justina gostava demais dela, sentia sua falta e não estava se adaptando com a nova empregada. Contente em tê-la novamente, sua antiga patroa respondeu logo, mandando até dinheiro para as passagens.

Justina, ao receber a carta, falou de sua partida a Edson e Marília, que suspiraram aliviados. Lenita e Roberto acostumados novamente com os pais não se importaram com a partida da madrinha.

Justina voltou. Seu barraco fora ocupado por outra família. Sua patroa acomodou-os no quarto do quintal. Os patrões gostaram dos meninos e não deixaram Justina procurar outra casa. Em pouco tempo, estavam amando as crianças, que foram acomodadas dentro da casa, e prometeram à Justina ajudá-la a criá-los. Rodrigo não engraxava mais sapatos e Juquinha não foi mais para a creche.

— Justina — disse a patroa —, estas crianças nos trouxeram alegria. Que bom ter vocês aqui conosco!

As duas crianças estavam felizes, e Justina, tranqüila.

Algum tempo passou. Voltei para visitar os componentes desta história real. Encontrei Justina feliz com Rodrigo e Juquinha. Seus patrões tinham realmente encontrado nas crianças uma razão para viver, cumpriam o que prometeram, tratavam as crianças como se fossem netos deles. A senhora idosa amava os meninos. E todos estavam em paz e contentes.

Mas o lar de Edson e Marília estava enlutado. Quando cheguei, tomavam o desjejum e conversavam.

— Edson — disse Marília triste —, faz dez meses que Lenita faleceu. Demoramos três anos para achá-los e ela conosco ficou seis meses somente.

— Tudo nossa culpa! Lenita nos disse que tinha sempre essas crises e que Justina a curava. Como fomos ingratos com essa mulher! Pobre, apiedou-se de duas crianças abandonadas e cuidou delas com amor e carinho. Talvez tenha passado fome para alimentá-los. E o que fizemos? Deus nos devolveu nossos dois filhos e nos ofereceu mais dois. Não aceitamos! Não tratamos bem nem Justina nem os dois meninos. Se ela estivesse aqui, não iríamos internar nossa filha, quando teve a crise, não teria então tomado a penicilina e não teria morrido.

— Fomos ingratos! — Marília concordou. — Talvez Justina, mais cuidadosa do que nós, soubesse que ela não podia tomar esse medicamento. Não fizemos o teste. Mas, como decidimos, nada contaremos à Justina, em resposta às suas cartas, da morte de Lenita. Para ela, as crianças estão bem. Depois, Edson, temos Roberto e Edinho.

– Que Deus nos perdoe! – falou Edson profundamente triste.

Justina sempre cuidou das crianças com amor. Lenita tinha crises, que eram curadas com chás caseiros e alguns remédios receitados pelo médico da creche. Justina não sabia que Lenita não podia tomar penicilina.

Vim a saber de notícias de Lenita. Ela estava bem num internato do educandário de uma colônia. Adaptou-se fácil à vida na espiritualidade.

Como a ingratidão fere o ingrato! Edson e Marília sofriam e estavam arrependidos. Eu esperava que tivessem aprendido a lição, porque quando aprendemos passamos a ter consciência e evitamos cair nos mesmos erros. Edson e Marília cresceram em experiência. E esperava que a gratidão passasse a fazer parte dos sentimentos do dia-a-dia deles.

5

O Pacto

Guilherme e Leonora eram um casal com seus setenta anos, que não acreditavam em religião. Diziam ser católicos, porém nunca foram praticantes. Fizeram um estranho pacto: quando achassem que não valeria mais a pena viver, iam morrer juntos. Discutiram muito o assunto e concluíram:

— Tudo acaba com a morte! – disse Guilherme.

— Não vale a pena padecer por doenças nem sofrer a separação, se um de nós morrer primeiro – concluiu Leonora.

O casal não tinha filhos, era de classe média. Aposentados, possuíam duas boas casas, uma em que residiam, a outra alugavam. A família deles era pequena, e os mais próximos dos quais gostavam muito, eram dois sobrinhos, pessoas boas e desinteressadas, que os visitavam sempre. Fizeram um testamento em favor desses sobrinhos.

Guilherme e Leonora tinham um grande afeto um pelo outro, cuidando-se com tanta ternura que encantavam a todos que os conheciam. Fazia quase sessenta anos que viviam juntos e sempre se entenderam e amaram com sinceridade.

Guilherme ficou doente, estava com problemas nos rins e no coração. O médico que tratava deles, internou-o no hospital. Os dois conversaram com o médico e quiseram saber a extensão do problema. Ele foi sincero e disse que era grave.

— Leonora — disse Guilherme —, acho que chegou a nossa hora.

— Também acho — disse a esposa —, vamos executá-la em casa. Quando você tiver alta no hospital, iremos para nosso lar e lá morreremos.

Já possuíam em casa o veneno fortíssimo que os levaria à desencarnação pelo suicídio, mas o médico não quis dar alta. Querendo morrer em casa, esperaram. Eles eram pessoas boas e honestas, e sabiam do transtorno que seria o suicídio naquela clínica. Tinham pelo médico uma sincera amizade e não queriam que ele, nem o hospital ficassem prejudicados.

A mãe de Leonora, Mercedes, desencarnada há tempo, veio para tentar ajudá-los. Inquieta com os planos da filha e do genro, estava fazendo todo o possível para que mudassem de idéia.

Anita era a esposa do proprietário de uma livraria espírita. Conhecia Guilherme e Leonora, sem entretanto lhes dedicar grande amizade. Ao ter conhecimento da hospitalização de Guilherme, orou fervorosamente para o casal. A oração sincera é uma doação de fluidos benéficos. O casal sentiu-se melhor. Mercedes sentiu que alguém orava pelos dois. Atraída, foi à fonte dos fluidos e encontrou Anita. Percebeu que tinha muita sensibilidade. Mercedes solicitou ajuda e ela recebeu o apelo da mãe aflita:

"Anita, por favor, ajude minha filha e meu genro!"

Inquieta, Anita sentiu necessidade de visitar o casal conhecido, no hospital.

"Por que não ir se estou com vontade? Mas os conheço tão pouco! Farei uma visita rápida" – pensou.

Pegou na livraria um exemplar do livro *Reconciliação*[3] e o levou de presente ao casal.

A visita foi rápida e o casal a recebeu bem. Conversaram sobre acontecimentos triviais. Anita deu-lhes o livro.

– Trouxe este livro de presente. Li e gostei, quem sabe irão apreciá-lo também.

O casal agradeceu e prometeu ler. Anita voltou para casa aliviada.

Mercedes intuiu a filha para ler o livro. Pedia-lhe que fizesse a leitura. Desde pedir, Mercedes pelo pensamento tentava transmitir à filha a vontade de fazer, no caso, de ler o livro. Mas o encarnado é livre para atender ou não. Muitos não conseguem perceber influência nenhuma, alguns recebem de maneira clara, e outros, parcialmente. Leonora atendeu o pedido feito, porém nem sequer lembrou-se da mãe desencarnada há tanto tempo. Olhou para o livro, pegou-o e examinou.

---

3 – CARVALHO, Vera Lúcia Marinzeck de. Espírito Antônio Carlos. *Reconciliação*. São Paulo: Petit Editora (Nota do Editor).

— Guilherme — falou Leonora —, não tenho nada para fazer, acho que vou ler este livro e me distrair, pois foi dado com muito carinho. Quer que eu leia em voz alta para você?

— Seria bom distrair-me um pouco. Por favor, leia para eu ouvir.

E Leonora começou. Interessaram-se logo no começo, chegando a ler duas, três vezes, os pedaços que acharam mais interessantes. Encabularam-se com a personagem Valquíria, uma deficiente mental, por ter se suicidado na encarnação anterior. Motivados por Mercedes, Guilherme e Leonora trocaram comentários.

— Guilherme, será certo nos matarmos? E se a vida continuar mesmo?

— Leonora, este livro é tão lindo! Tocou-me no fundo do meu ser. Estou com medo de me suicidar.

— Se for para sofrer mais, é melhor não concluir nosso pacto. Acho que vou telefonar para Anita, agradecer o presente e pedir-lhe que venha conversar conosco.

— Faça isto — disse Guilherme —, podemos pedir a ela mais explicações sobre o suicídio.

Leonora fez isto. Anita prometeu ir logo no outro dia. Convidou mais duas amigas espíritas e levaram *O Evangelho Segundo o Espiritismo* para eles. O casal alegrou-se com a visita e, logo após os cumprimentos, Leonora indagou:

— Anita, lemos o livro que nos trouxe de presente e gostamos muito. Queremos saber o que acontece com a alma após a morte do corpo. E também saber mais sobre quem se suicida.

Intuídas por Mercedes, conversaram por longo tempo.

– O corpo de carne é perecível, mas somos eternos. Desencarnamos e vamos a lugares que fizemos por merecer. Ninguém deve suicidar-se. Ao provocar nossa própria morte, lesamos terrivelmente nosso perispírito. Não existe na espiritualidade regra geral. Cada caso é um caso, nem sempre a reação é a mesma para uma determinada ação. Mas o suicida sofre muito.

Leonora e Guilherme acabaram chorando e contaram às três senhoras o pacto que fizeram.

– O pacto está desfeito – disse Guilherme. – Não quero mais me matar.

– Nem eu! – disse Leonora.

Anita e as amigas passaram a ir todos os dias ao hospital, para conversar com o casal. Guilherme e Leonora passaram a ler as obras espíritas, compreenderam o ato terrível que iam fazer, tiveram medo e não pensaram mais em suicídio. Encontraram no espiritismo conhecimentos e consolo. Guilherme, com os passes que as três senhoras caridosamente lhe administravam, melhorou sensivelmente e recebeu alta do hospital.

O grupo, Anita e amigas, continuou a visitá-los em casa, até que Guilherme sentindo-se bem pôde freqüentar o centro espírita. Leonora e ele encantaram-se com o que aprenderam e fizeram um outro pacto. De terem paciência e sofrerem com resignação. Quem desencarnasse primeiro iria ser obediente, ficar no lugar aonde fosse levado e esperar pelo outro. Quem ficasse, faria o mesmo, esperaria a desencarnação com paciência e se prepararia para a morte física.

O livro espírita é grande consolo, fonte de conhecimentos e amor. Como a este casal, muito bem tem feito!

A Vingança

Lola sempre trabalhou muito. Órfã aos vinte e um anos, herdou dos pais uma pequena loja. Dedicou-se ao máximo, ampliou o comércio e, no decorrer dos anos, passou a ter várias lojas. Tornou-se rica. Era filha única, mas tinha um irmão de criação, apelidado Preto. Os dois sempre se deram bem e gostavam muito um do outro. Preto sempre trabalhou com ela, ajudando-a muito, mas também foi recompensado financeiramente.

Lola nunca se interessou por ninguém até conhecer Walter, muito mais moço que ela. Tinha na época quarenta e dois anos, e ele, vinte e um anos. Walter fez de tudo para conquistá-la. Casaram e tiveram dois filhos.

Vinte anos passaram, estando ele jovem ainda, e ela, nem tanto. Walter então conheceu Sara e apaixonou-se por ela. Para ficar livre da esposa, porque sabia que ela não lhe concederia a liberdade nem lhe daria nada financeiramente, planejou matá-la. Com o plano traçado nos mínimos detalhes, esperou uma oportunidade para executá-lo. Achando que era chegada a hora, Walter, certa noite, deu à esposa uma bebida alcoólica com cocaína. Logo depois de beber, Lola sentiu-se mal, e ele não a acudiu. Quando percebeu que ela havia morrido, chamou o médico, já muito idoso, amigo da família, para examiná-la. O médico, acreditando em Walter, que disse que Lola teve um enfarte, deu um atestado de óbito em que a causa era uma parada cardíaca. E foi realmente, porém provocada por uma overdose. Walter fez por um tempo o papel de viúvo inconsolável.

— Não me conformo em perder minha Lola! – dizia a todos. – O que será de mim e dos meninos sem ela?

Lola desencarnou e ficou no corpo até este quase apodrecer. Desesperada não se conformava com a morte do seu corpo físico. Até que com ajuda de socorristas desencarnados desligou-se do corpo morto. Mas, por estar muito revoltada e com ódio, não pôde ser socorrida e ficou a vagar. Aos poucos entendeu que desencarnara e, o mais grave, o porquê.

"Walter não podia ter feito isso comigo. Por que não pediu a separação? Queria mesmo era o meu dinheiro, sempre quis. Mas podia ter tido um pouco de consideração, sou a mãe dos filhos dele. Odeio-o, tenho muito ódio!"

Conseguiu voltar a seu ex-lar. Walter, depois de algum tempo viúvo, passou a namorar Sara e logo se casaram. E foi quando estavam recém-casados que Lola os encontrou, vivendo com seus dois filhos no seu antigo lar. Revoltou-se ao extremo e resolveu se vingar. Vagando pelo umbral, soube que em certos lugares havia escolas onde ensinavam a vingar.[4] Foi e pediu para freqüentar. Questionada, Lola teve de explicar o porquê de querer se vingar.

– Casei de boa-fé e ele me iludiu. Depois de tanto tempo de dedicação, ele arrumou uma amante. Querendo tudo o que eu conquistei com meu trabalho, assassinou-me e agora está feliz casado com ela, desfrutando de tudo o que eu possuía.

Todos da assembléia prestaram atenção e foram unânimes na decisão.

– É justo seu pedido. Está aceita.[5]

Assim, por dois anos, Lola passou a freqüentar as reuniões e aprendeu rápido a obsediar, a vampirizar e a fazer encarnados ficarem doentes, enfim, a vingar-se. Apta, agradeceu a todos daquele estranho lugar e instalou-se no seu antigo lar.

Passou a vampirizar Walter, isto é, a sugar suas energias e fazer com que ele tivesse terríveis pesadelos, nos quais lembrava o seu crime. Mas seu ódio maior era por Sara. Obsediou-a, fazendo-a ficar doente, contaminada com doenças.

Preto, o irmão de criação de Lola, desencarnou. Ela o ajudou, desligou-o do corpo e cuidou dele, levando-o para seu ex-lar. Quando ele entendeu que tinha desencarnado, passou a ajudar Lola na sua vingança.

– Que maldade fizeram com você, Lola. E eu não desconfiei de nada!

---

4 – Esses lugares no umbral têm muitos nomes e são de vários tipos, conforme a região onde se situam (N.A.E.).

5 – Normalmente, esses lugares são organizados e, em nome da justiça deles, ajudam desencarnados a se vingarem, mas sempre procuram saber o porquê. Normalmente, tudo é aceito e a vingança é sempre exaltada (N.A.E.).

— Nem eu! Walter pensa que acabei, só porque matou meu corpo, mas continuo viva e o farei pagar bem caro o que me fez.

Os dois logo tornaram a vida do casal insuportável. Eram brigas, doenças, agonias e infelicidades.

Lola sempre trazia para seu ex-lar espíritos que vagavam, de preferência doentes, e com isso prejudicava os encarnados, porque os infelizes desencarnados sugavam energias dos encarnados e também lhes transmitiam o que sentiam. Um dia, trouxe uma moça desencarnada que encontrou na rua. Era Melina, de vinte e oito anos, e desencarnara também assassinada, mas seu assassino estava na prisão. Não era vingativa, estava porém desorientada. Logo que Lola e Melina chegaram, os dois adolescentes começaram a brigar violentamente. Lola tudo tentou para que os filhos parassem, mas só o fizeram após trocarem socos, tapas e muitos desaforos. Melina disse a Lola:

— Lola, eu já estive certa vez num centro espírita e lá me disseram que desencarnados como nós, sem preparo ou entendimento, e que vagam, prejudicam os que amam se ficarem perto deles. Você está aqui para se vingar do seu ex-marido e de sua atual esposa, mas vejo que está prejudicando e maltratando seus filhos. Com tantos fluidos nocivos que traz a esta casa, os garotos só podem se sentir mal. Como também se sentem infelizes com as desavenças do casal; não se esqueça de que Walter é o pai deles. Os meninos estão nervosos e com razão.[6]

---

6 – Nem sempre as brigas entre irmãos são causadas pelos desencarnados. Isso ocorre nesta história. Brigas de qualquer tipo devem sempre ser evitadas, e irmãos devem aprender a se amar e respeitar (N.A.E.).

– Já pensei nisto, Melina, e talvez você tenha razão. Mas necessito vingar-me. Na escola de vingadores não me ensinavam o que fazer para que minha atitude não atingisse meus filhos. Disseram que nada é perfeito e que teria de me conformar com a situação.

– Você faz os dois inimigos sofrerem, sofre também e acaba fazendo os seus dois filhos inocentes sofrerem. Será que compensa a vingança?

– Claro que sim – respondeu Lola irada.

Preto ficava o tempo todo com Sara, a quem chamava de "Sarna". A ordem era para não deixá-la orar nem ir procurar ajuda no espiritismo.[7]

Melina, embora fosse uma desencarnada que vagava, sentiu pena de todos os envolvidos. Porque era mãe, sentiu dó dos jovens. Mas, com medo da amiga, não falou mais nada. Passou então a freqüentar a casa como convidada de Lola.[8]

---

7 – Os desencarnados não conseguem impedir o encarnado de orar nem de procurar ajuda, se ele realmente quer. O livre-arbítrio de cada um é lei de Deus. Eles tentam fazer muitas coisas para impedir, mas se o encarnado quer, ele ora e procura ajuda. Mas muitos imprudentes não têm o hábito de orar nem de procurar ajuda. Normalmente, espíritos vingadores temem a força da oração sincera, que é um pedido de auxílio que não fica sem resposta. Temem e odeiam o espiritismo que os combate de frente, pois lá o ódio deles não encontra ressonância, mas sim o amor que os faz mudar. Como não querem isso nem que interfiram no andamento de seus planos de vingança, evitam a doutrina. E também sabem que o encarnado que procura auxílio no espiritismo, com confiança e fé, encontra ajuda (N.A.E.).

8 – Isto foi possível, porque, nesse lar, os encarnados não tinham religião sincera, nem o hábito de orar, e se afinavam em pensamentos e atos com espíritos inferiores. Pode acontecer de desencarnados maus tentarem perturbar pessoas boas e que oram, porém é muito difícil conseguirem. Pessoas boas sempre encontram nos bons, encarnados e desencarnados, a ajuda necessária (N.A.E.).

Uma vez Melina chegou na casa de Walter, e os dois, Lola e Preto, não estavam. Intuiu Sara a ir a um centro espírita localizado perto de sua casa. Sara estava adoentada, tinha dores pelo corpo todo e já começava a se intoxicar pelos muitos remédios que tomava.

"Sara" – disse Melina –, "por que não busca auxílio? Com tantos acontecimentos estranhos, não acha que é hora de ir buscar ajuda com pessoas que oram e auxiliam a outras? Aqui perto há um centro espírita. Os espíritas ajudam muito a quem sofre. Vá lá, vá!"

"É"– pensou Sara –, "não oro há tanto tempo. Talvez o que esteja faltando nesta casa seja oração sincera. Vou pedir ajuda, quem sabe aí esteja a solução. Necessito de auxílio, sofro tanto. Vou lá..."

Nem trocou de roupa, saiu rápido. Melina não foi, teve medo.[9]

Lola e Preto chegaram e encontraram Melina encabulada. Lola logo desconfiou e indagou:

– Onde está Sara? Para onde foi a esta hora da noite?

– Não sei, cheguei e ela não estava – respondeu Melina.

– Mentirosa! É melhor dizer aonde ela foi e por que você não foi junto.

Os três discutiram.

---

9 – Espíritos ignorantes e perturbadores têm o costume de dizer que o espiritismo faz o mal, embora saibam o bem que ele faz. Passam medo em desencarnados que vagam ou que lhes são subordinados, para eles não irem a centros espíritas e, lá, serem auxiliados. Muitos desses desencarnados acreditam e temem o espiritismo, pensando que nos centros serão maltratados. Na verdade, são mais ajudados do que pensam (N.A.E.).

Sara foi, envergonhada, ao centro espírita. Era uma terça-feira à noite, vinte horas e trinta minutos. Chegou, bateu na porta, insistente. No centro espírita estava havendo uma reunião da diretoria, porém abriram a porta e atenderam Sara, que pediu chorosa:

— Senhores, por favor, me desculpem. Estou desesperada, necessito de auxílio. Minha vida está um caos. Foi então que me lembrei dos senhores, sei que ajudam a muitos.

Foi feita uma pausa na reunião. Duas senhoras conversaram com Sara e a acalmaram. Levada à sala de passes, o grupo reuniu-se em sua volta e lhe deu um passe.

Os trabalhadores desencarnados da casa também se reuniram para o devido auxílio. Foram ao lar de Sara e lá encontraram em plena discussão Lola, Preto e Melina. Eles os cercaram e pela força magnética os levaram. Eles só se deram conta quando já estavam no centro espírita.

— Por favor — disse Melina à equipe —, quero, se possível, ajuda. Cansei de vagar e fazer maldades. Quero estar com vocês e aprender a ser boa.

— Miserável! — exclamou Lola com raiva. — Traidora!

Melina foi separada e levada a outra parte do centro. Há no plano espiritual de quase todos os centros espíritas uma construção de material igual ao do perispírito, onde são abrigados os socorridos. São pequenos hospitais, lugares de orientação ou postos de socorro. Melina, querendo ajuda sincera, recebeu a orientação dos trabalhadores da casa; depois de alguns meses, estava bem e já ajudava nas tarefas da casa.

Lola e Preto, revoltados e com medo, ficaram em outra parte, num local especial para desencarnados desequilibrados, onde esperariam até o próximo trabalho de desobsessão para serem orientados.[10]

Após o passe, quando limparam Sara dos fluidos nocivos, ela voltou para casa, sentindo-se melhor e prometeu retornar sempre. De fato, Sara passou a ir lá com freqüência. Falou com tanto entusiasmo, que Walter e os filhos quiseram ir também. Foram e gostaram. Os quatro melhoraram, e muito. Sem a presença de Lola e Preto com eles, agora interessados em orar e aprender o Evangelho, os três, Sara e os dois adolescentes, tiveram paz e tudo aos pouco foi se encaixando naquele lar.

Walter, ao escutar os ensinamentos dos orientadores da casa espírita, passou a sentir remorso pelo seu crime. Mas isso não foi o suficiente para que confessasse e pagasse perante a lei terrena. Tornou-se quieto e triste. A reação do seu ato um dia viria, nesta encarnação ou em outra.

Lola e Preto, quando presos, começaram a brigar tanto que tiveram de ser separados. No quarto, cela ou cômodo em que estavam, ouvia-se música suave e, em intervalos, uma leitura edificante. No começo detestavam aquilo, mas

---

10 – Para imobilizar desencarnados rebeldes, os espíritos socorristas utilizam, em muitos lugares, cordas ou correntes plasmadas mentalmente, e que são constituídas de matéria semelhante à do perispírito. Em outros, como em quase todos os centros espíritas, ficam eles em cômodos de onde não conseguem fugir, porque, mesmo que esses espíritos saibam atravessar as paredes do centro, não conseguem sair desses lugares, que são construídos também de matéria análoga à do perispírito. Podem, ainda, esses desencarnados ficarem imobilizados pela força mental, ou forças magnéticas dos trabalhadores do bem, não conseguindo se libertarem sem ajuda. Nos centros espíritas, são depois liberados para a incorporação, no trabalho de ajuda e orientação. Não ficam presos por maldade, mas à espera de ajuda. Se não houvesse esses recursos, não ficariam e perderiam a oportunidade de aprenderem e serem orientados para o bem (N.A.E.).

aos poucos os fluidos do local os acalmaram e passaram a prestar atenção no que ouviam.

No dia e horário marcados para a reunião, foram levados à sala onde encarnados e desencarnados estavam para ajudá-los. Eles estavam calmos e já queriam ajuda, porém muitos não procedem assim, continuando revoltados.

Pela incorporação os dois receberam orientação e foram levados para um posto de socorro, de que gostaram e onde ficaram. Quando levados a postos de socorro, os desencarnados podem sair e muitos não ficam e voltam aos lugares onde estavam. Mas Lola e Preto reconheceram que agiram errado e quiseram o auxílio oferecido, terminando assim uma vingança com a ajuda e orientação de um centro espírita e dos espíritas.

7
O Casamento

Leonardo estava estagiando no departamento em que eu trabalhava. Era muito gentil e sempre alegre. Naquele dia, ao vê-lo preocupado e calado, indaguei querendo ser útil:

— Posso ajudá-lo, Leonardo? Algo o preocupa?

— Agradeço. Realmente estou preocupado. Por compromisso do passado, estamos, outras duas pessoas e eu, empenhados em reparar erros e nos reconciliarmos. Elisa e Ranulfo, já encarnados, prometeram se casar e me receber por filho. Mas os dois foram separados pelo pai de Elisa, senhor Orlando, que não quer o casamento. Se os dois se separarem mesmo, estaremos perdendo uma oportunidade de realizar nossos planos.

— Aproveitemos estes minutos que temos de folga e sentemos aqui para conversar. Conte-me tudo.

Leonardo e eu caminhamos para um pequeno jardim situado no departamento, sentamos num confortável banco. Leonardo começou a falar.

"No século passado, estávamos encarnados os quatro, Elisa, Ranulfo, senhor Orlando e eu. Morávamos numa pequena vila. O senhor Orlando era dono de muitas terras e pai de Elisa. Eu era lavrador, pobre e apaixonado por Elisa, que amava Ranulfo, um pobre comerciante. Os dois se encontravam às escondidas. Descobri porque passei a segui-la. Senhor Orlando queria que a filha se casasse com um homem rico, fazendeiro da região. Apaixonados, Elisa e Ranulfo combinaram fugir. Sofrendo e despeitado, procurei o senhor Orlando, contei a ele os planos dos dois e finalizei dizendo que no dia seguinte, às oito horas, iriam fugir, encontrando-se na Casa do Bosque.

– Se você estiver mentindo, eu o mato! – respondeu o senhor Orlando com ódio.

– Não estou mentindo e, se não quiser que sua filha fuja, vai lá e a impeça!

Senhor Orlando seguiu a filha, logo que ela saiu de casa. Segui os dois com cuidado para que não me notassem. Ao verificar que era verdade, senhor Orlando matou friamente Ranulfo, com dois tiros de espingarda, na frente de Elisa, que ficou parada, apavorada sem conseguir dizer nada. O pai a levou de volta para casa. O crime teve Elisa e eu de testemunhas; ela não denunciaria o pai nem eu iria contra um senhor rico e importante. O corpo de Ranulfo só foi encontrado dias depois, e sua morte foi tida como acidente. Deduziram que deveria ter sido morto numa caçada, por engano, já que ele não tinha inimigos e era querido por todos. Ninguém sabia do romance dos dois. Senhor Orlando nada comentou sobre o ocorrido e eu fiquei bem quieto no meu canto, ainda mais porque recebi a título de favor prestado uma importância em dinheiro. Elisa, porém, não falou mais, ficou em estado de choque, ausente, olhos parados, alimentando-se pouco e só o que lhe dessem na boca.

A situação de Elisa me deixou triste, mas aliviado por ela não estar nos braços do meu rival. Aproveitando a viagem de seu pai, fiz-lhe uma visita. Ela estava na varanda de sua casa. Fiquei abalado ao vê-la, pois parecia outra pessoa: magra e profundamente abatida. A empregada me levou até ela e recomendou:

— Seja rápido, dona Elisa não gosta de visitas. Nunca soube que era amigo dela. Vou lhe trazer um café.

Deixou-me sozinho com ela, aproveitei e confessei-lhe minha traição.

— Perdão, Elisa! Seguia você sem que desconfiasse e descobri seus encontros com Ranulfo, como também que ia fugir e contei ao seu pai. Fiz isso porque sempre a amei e a amo. Peço-lhe que me perdoe, não pensei que ia sofrer tanto assim.

Quando comecei a falar, Elisa me olhou, seus olhos brilharam de ódio e rancor. Quando terminei, disse-me baixo, quase num sussurro:

— Miserável! Nunca o perdoarei nem o amarei. Verme! Saia de perto de mim, cão! É pior do que o diabo!

Suas palavras magoaram-me profundamente, e percebi então o mal imenso que lhe fiz. Como não saí, ela se levantou e entrou. Fui embora e não tive mais sossego, não conseguindo esquecer suas palavras e sua expressão sofrida.

    Elisa, enfraquecida, foi definhando, recusando a se alimentar. O senhor Orlando, desesperado, ao ver a filha naquele estado, arrependeu-se e lhe pediu perdão várias vezes, ela, porém nada lhe respondia. Acabou desencarnando. Ao saber da morte dela, desesperei-me e tomei veneno, o que me levou à desencarnação pelo suicídio. Senhor Orlando também desencarnou logo. Todos nós sofremos muito. Ranulfo por não ter perdoado seu assassino. Elisa, porque, embora realmente doente, não lutou para permanecer encarnada, desejando a desencarnação e, também, por não ter perdoado o senhor Orlando pelo seu crime. E eu, que acabei me suicidando.

    Mas a misericórdia do Pai é infinita, não condena o imprudente a sofrimentos eternos. Fomos socorridos e orientados pelos bons espíritos que na sua tarefa de amor auxiliam sempre a irmãos que se atrasam ou estacionam na estrada do progresso. Entendendo nossos erros, fizemos as pazes. Senhor Orlando arrependeu-se sinceramente, e novamente quis ser pai de Elisa. Reencarnou primeiro, depois nós três. Senhor Orlando muito trabalhador conseguiu ficar rico novamente pelo seu esforço e trabalho. Elisa veio a ser outra vez sua filha. Agora ele queria que a filha casasse com um moço rico, um sobrinho a quem estimava muito. Elisa, porém, conhece Ranulfo e o amor floresce em ambos. Eu também reencarnei na mesma época que Elisa, mas para dar valor à vida física desencarnei, e aqui estou fazendo planos de voltar como filho amado dos dois. Fui filho de uma das empregadas da fazenda do senhor Orlando. Minha mãe, Ângela, é muito boa e dedicada; foi mãe solteira e me amou muito. Nunca vim a saber quem foi meu pai, pois ela se recusou a falar sobre esse assunto. Depois, não me fez falta, sempre tive muito carinho. Morava com meus avós e era a alegria deles. Quando desencarnaram, fiquei sozinho com ela. Desde pequeno, estava sempre doente, era fraco. Tinha a mesma idade de Elisa. Sempre fomos amigos, e também fui amigo de seu irmão Mateus, dois anos mais novo do que nós. Quando estava mocinho, minha mãe preocupou-se, achando que estava enamorado de Elisa. Disse-lhe que não, mas descobri que era verdade, que a amava. Escondi esse amor, porque sentia que Elisa tinha só amizade por mim.

Uma vez, tive uma crise mais séria, fiquei muito doente, permanecendo dias no leito. Dona Aurora, mãe de Elisa, senhora muito boa, levou-me à capital para que fosse examinado por especialistas e fizesse vários exames. Voltei da capital todo animado com os novos remédios e esperançoso em sarar nem notei a tristeza de dona Aurora.

Comecei a ter muitas crises seguidas, minha mãe cuidou de mim com carinho e muita dedicação. Não pude levantar mais do leito, sentia dores e muita fraqueza. Desencarnei pela doença séria que tinha no coração.

Minha mãe sentiu muito minha desencarnação, porém resignada aceitou e fez tudo para me ajudar do lado de cá. Continuou a trabalhar na casa-sede da fazenda, o que faz até hoje. Logo após eu ter desencarnado, dona Aurora também veio para o plano espiritual e pela sua bondade e fé está muito bem. Eu, também, desta vez aproveitei a oportunidade abençoada da reencarnação. Sofri resignado, aprendi a dar valor ao corpo físico e voltei sem erros. Pude, assim, ser socorrido. Agora estudo e trabalho tentando ser útil e aprendendo sempre. Elisa foi estudar na capital, e escolheu Enfermagem, profissão que sempre gostou. Foi, então, que conheceu Ranulfo, um médico boliviano que trabalhava exercendo com amor sua profissão. Amaram-se. Esperava que se casassem e me recebessem por filho. Mas o senhor Orlando não quis, e parece que os separou."

Leonardo calou-se e suspirou.

– Quem sabe nós possamos uni-los! – exclamei.

– Nós?! Quer me ajudar?! – Leonardo disse contente.

– Se quiser minha ajuda, irei com prazer ajudá-los.

– Claro que quero! Só que não sei o que fazer.

– Pediremos permissão e iremos para lá. Sabendo o que ocorre, poderemos tentar unir seus futuros pais, já que se amam tanto.

– Agradeço!

Horas depois, estávamos na fazenda. Encontramos Elisa em seu quarto, triste, chorosa, e Ângela consolando-a. Leonardo abraçou sua mãe; ela não o sentiu, mas lembrou-se do filho com saudades. Mas nada disse, estava empenhada em ajudar Elisa a quem amava como filha.

– Ângela, não sei por que Ranulfo foi embora – disse Elisa, toda queixosa. – Estávamos tão felizes! Estou de férias e ele veio passar uns dias comigo, conhecer a fazenda e todos vocês. E, de repente, vai embora assim, sem conversar, aproveitando que eu estava na casa do meu irmão. Despediu-se por um bilhete.

Sacudiu um pedaço de papel. Era o bilhete onde ele dizia somente que ia embora e que o desculpasse. Leonardo virou-se para mim e disse:

— Também não entendo o que aconteceu.

De repente, Ângela sentiu-se mal. Elisa correu para acudi-la, nós também. Teve um desmaio, mas voltou logo a si. O médico foi chamado e, após examiná-la, disse que estava estafada e necessitava fazer alguns exames. Ao examiná-la, vi que tinha um probleminha no coração. Não era grave, mas necessitava de cuidados.

Estávamos, Leonardo e eu, necessitando resolver a questão que nos fizera ir àquela casa: o futuro dos pais dele. Não quis que Ângela ficasse sozinha, então me lembrei de Rui, um amigo que até bem pouco tempo era um socorrido e que com vontade passou a servir, e aprendia com muito interesse. Fui buscá-lo. Veio contente, porque sabia que ia fazer algo diferente e com isso aprenderia outras formas de ajuda.

Chegando à fazenda, apresentei Rui a Leonardo e mostrei Ângela, que estava dormindo ao lado de Elisa, pois resolvera pernoitar ali para que a amiga não ficasse sozinha. Ângela morava numa casa ao lado da casa-sede.

Ao vê-la, Rui empalideceu.

— Meu Deus!

Olhou para Leonardo examinando-o e indagou.

— Você é filho dela?

— Sou!

Rui chorou. Observei-os e reparei que eram parecidíssimos. Leonardo e eu ficamos quietos, respeitando nosso amigo, que logo se refez e explicou:

— Desculpem-me. É que já a conheço. Conheci-a quando foi à capital para trabalhar de doméstica. Era vizinho da casa onde ela se empregou e tudo fiz para conquistá-la. Não porque gostasse dela, mas para me divertir. Ângela acabou cedendo. Ao saber de sua gravidez, disse-lhe horrores e que não assumiria a criança. Ela voltou para a fazenda e nunca mais soube dela e da criança. Agora a reencontro. Você, Leonardo, deve ser a criança que desprezei.

Rui fez uma pausa, Leonardo o examinou. Pareceu-lhe estranho encontrar o pai daquela maneira. Rui virou para ele e disse comovido:

— Perdão! Peço-lhe perdão. Não soube aproveitar minha encarnação. Tive uma existência de farras, de descuidos, arruinei meu corpo, desencarnei e sofri muito. Perdi a oportunidade de ser pai de uma pessoa maravilhosa como você. Perdoe-me!

— Eu o perdôo! — Leonardo disse encabulado, estendendo a mão para Rui.

Abraçaram-se. Tratei de descontraí-los.

— Rui, Leonardo e eu temos um trabalho a fazer e queremos que você fique com Ângela e cuide dela.

— Farei isto com prazer.

Leonardo e eu fomos tentar descobrir o que levou Ranulfo a ir embora. Sondamos senhor Orlando e, pelos seus pensamentos, verificamos que de fato ele queria que Elisa se casasse com um sobrinho dele. Quando ela falou ao pai que estava namorando, ele contratou um detetive para seguir Ranulfo e investigar toda sua vida. O relato do detetive estava na mesinha de seu escritório. Ranulfo, quando cursava a Universidade, havia sido preso sob suspeita de traficar drogas e foi libertado sob fiança. Um jornal da época publicou sua foto com a de outros traficantes e tudo isso estava no relatório.

Acompanhando os pensamentos do senhor Orlando, vimos o encontro dele com Ranulfo. Ele chamou o moço para conversar no escritório, mostrou-lhe o relatório e disse:

"Você não é o marido que pretendo para Elisa. Quero que desista dela e vá embora. Se não fizer isso, chamo a polícia, mostro a eles estes documentos e ao revistar seus pertences encontrarão drogas e você será preso. Aqui não terá seu pai para soltá-lo, e aviso-o que tenho influência bastante para que apodreça na cadeia. Deve partir já!"

Ranulfo ficou a escutar quieto, nada respondendo. Saiu do escritório e foi para seu quarto onde arrumou seus pertences e escreveu o bilhete. Ao sair do quarto, um empregado aguardava para levá-lo à estação ferroviária, onde pegaria o trem que o levaria à capital.

– Leonardo, vamos ver Ranulfo.

Encontramo-lo na capital, no quarto da pensão em que morava. Pensava triste e distraído nos acontecimentos. Acompanhamos seus pensamentos. Ranulfo era de uma família de posses e importante. Tinha só um irmão mais velho do que ele. Estava com treze anos, e seu irmão com dezoito anos, quando sua mãe desencarnou, e o pai, logo em seguida, se casou novamente. A madrasta era muito mais nova que o pai, e gostava de luxo e futilidades.

O irmão, dois anos depois, se casou e ele ficou sozinho com o pai e a madrasta. Aos dezoito anos, passou na Faculdade de Medicina e a madrasta, que antes o ignorava, passou a tratá-lo melhor e tudo fazer para seduzi-lo. Ranulfo contou ao irmão; ele lhe falou que com ele ocorrera da mesma forma e que tinha sido amante dela. Arrependido, casou-se para se afastar da esposa do pai.

Ranulfo ameaçou falar ao pai o que acontecia, porém ela, esperta, antecipou-se e contou ao marido o que lhe convinha: que Ranulfo a perseguia com propostas indecentes. O pai acreditando na esposa, por quem estava apaixonado, expulsou Ranulfo de casa e lhe disse que não ia mais lhe dar dinheiro. O irmão nessa época foi residir fora do país e não estava em condições de auxiliá-lo. Não querendo parar de estudar e para custear suas despesas, começou a entregar drogas e acabou preso. O pai, com o escândalo, soltou-o pagando a fiança e passou a lhe dar uma mesada, mas ele não poderia ir mais à sua casa nem vê-lo. Ranulfo arrependeu-se amargamente.

– Por quanto tempo esse meu ato impensado irá me perseguir? – indagou triste.

Leonardo chegou perto de Ranulfo e disse, a fim de que o jovem médico recebesse em forma de pensamento: "Covarde! Você deveria ter enfrentado a situação! Por que não contou tudo a Elisa? Por que fugiu como um criminoso?"

Ranulfo começou a se arrepender de ter ido embora e pensou: "Elisa não merecia isso, eu deveria ter aproveitado a oportunidade e contado tudo a ela. Tive medo, porque ela é muito honesta e detesta drogas."

Voltamos à fazenda. Intuímos Elisa, pedindo que escrevesse a Ranulfo. Ela nos atendeu e escreveu uma longa carta, pedindo explicações e dizendo que o amava.

Quando Ranulfo recebeu a carta, ficou emocionado. Teve, então, a certeza de que a amava demasiado e que deveria lutar por esse amor.

"Vou voltar à fazenda e explicar tudo. Se ela não me aceitar, pelo menos tentei. Se me perdoar, serei o homem mais feliz do mundo."

Voltou naquele mesmo dia. Chegando à cidadezinha, onde era a parada do trem, desceu e hospedou-se num hotel. Escreveu um bilhete para Elisa, pedindo que se encontrasse com ele no local onde estava hospedado. Pediu a um garoto que trabalhava no hotel que entregasse o bilhete, recomendando:

— Vá à fazenda e entregue à Elisa ou à Ângela. Somente para uma das duas.

O garoto foi contente, porque recebeu uma boa gorjeta. Na fazenda, o garoto perguntou por Elisa e esta ao atendê-lo recebeu o bilhete, que a deixou muito feliz. Esperançosa, arrumou-se e foi em seguida encontrar-se com Ranulfo, na cidade.

— Elisa — disse ele —, perdoe-me. Parti sem coragem de me despedir. Ao receber sua carta, entendi que estava errado e voltei. Necessito falar com você muitas coisas.

Sentaram-se num banco da praça e Ranulfo lhe contou tudo. Os acontecimentos de estudante e a conversa com o pai dela. Elisa no começo escutou tranqüila, mas ao saber o que o pai fizera, indignou-se. Mas escutou calada. Quando o moço terminou, ela falou:

— Eu sabia o que tinha ocorrido com você. Quando seu primo o visitou no ano passado, falou-me sobre isso. Não comentei com você para não encabulá-lo. Achava que um dia você iria me falar. É claro que o perdôo. O que fez foi errado, mas não é por isso que deverá pagar a vida toda. Quanto a meu pai, sei que ele quer que me case com meu primo. Mas nem ele, nem eu queremos isso. Meu pai terá de se conformar. Você não deveria ter cedido à sua chantagem. Vamos falar com meu pai e agora. Não tenha medo, defenderei você; sei lidar com ele.

Foram esperançosos à fazenda. Entraram de mãos dadas na casa. Senhor Orlando levou um susto e Elisa falou alto.

— Papai, Ranulfo e eu vamos nos casar. O episódio da prisão dele foi explicado. E o senhor não ouse mandar prendê-lo. Eu o defenderei. Se fizer algo contra ele, não mais me verá. Queira ou não, vamos nos casar!

Foi uma grande discussão.

Elisa e Ranulfo foram se hospedar na casa do irmão dela, que morava perto com a esposa.

Ângela aborreceu-se muito com os acontecimentos. Nós a acalmamos com passes e ela adormeceu. Logo após, desprendeu-se do corpo, saiu em perispírito e veio encontrar-se conosco, que estávamos na varanda da casa-sede.

Ângela, ao ver Leonardo, correu para ele, abraçando-o e beijando-o.

— Leonardo, meu filho, que saudades! Veio me ver?
— Sim, vim para vê-la e ajudar nossa Elisa.
— Que bom! Fico mais tranquila.
— Mamãe, quero que se cuide.
— Certamente.

Foi então que nos viu, e Leonardo tratou de me apresentar.

— Este é meu amigo Antônio Carlos.

Cumprimentamo-nos. Olhou bem para Rui e o cumprimentou.

— Boa noite!

— Ângela, não me reconhece? Sou Rui.

— Sim. Como está?

— Não me guarda rancor? Fiz a você tanto mal. Você me perdoa? Já contei tudo a Leonardo e ele me perdoou.

— Se ele o perdoou, também o perdôo. Erramos igualmente.

— Mas você cuidou do nosso filho — disse Rui.

— E tive o amor dele — respondeu Ângela, tranqüilamente.

Ficamos em silêncio por um momento. Então, iniciei uma conversação do interesse de todos.

— Mamãe — disse Leonardo —, reencarnarei como filho de Elisa e Ranulfo e serei como seu neto.

— Como fico feliz!

Depois deste encontro prazeroso, Ângela voltou para seu corpo adormecido. Também retornamos a nossos afazeres. No dia seguinte, estaríamos ali para participar dos acontecimentos, tentando ajudar o casal. Rui voltou feliz.

— Antônio Carlos, como Deus é bom! Ao atender seu pedido, para ajudá-los, não sabia que iria encontrar pessoas que prejudiquei, pedir-lhes perdão e ser perdoado. Como o perdão sincero nos faz bem!

No dia seguinte, senhor Orlando recebeu uma carta de seu sobrinho, comunicando-lhe que ia casar-se com uma moça pobre e honesta e que a amava muito.

Leu e releu a carta e depois a amassou com raiva.

"Meu plano desmoronou! O casamento que idealizei se desfez. O que devo fazer? Conheço Elisa e sei que não está blefando. Se decidiu casar, irá fazê-lo mesmo. Eu a amo muito, e corro o risco de não vê-la mais. Se casar brigada comigo, certamente irá morar na capital."

O irmão de Elisa, Mateus, veio conversar com o pai, e interceder por eles.

— Pai, o senhor precisa entender que Elisa ama Ranulfo e que os dois planejam se casar. E o farão, o senhor concorde ou não. Aceite esse casamento para o bem de todos.

— Está bem — respondeu senhor Orlando. — Diga a eles que venham à tarde conversar comigo. Eu os receberei bem e tentarei entendê-los.

Elisa e Ranulfo vieram. Senhor Orlando os recebeu no escritório. Os três ficaram encabulados e por minutos permaneceram em silêncio, até que Elisa falou:

— Papai, o senhor agiu errado. Não deveria ter usado de uma chantagem para tentar nos separar.

Senhor Orlando fingiu não ter ouvido a filha e falou, como se desculpasse.

— Pensei melhor e concordo com o casamento de vocês.

— Que bom! — disse Elisa alegre e abraçando o pai. — Amo muito Ranulfo, pretendemos nos casar, mas queríamos o seu consentimento.

— Esta casa é tão grande — disse o senhor Orlando. — Tem muito espaço, e você, minha filha, gosta muito daqui. Por que não vêm morar aqui, quando se casar? Necessitamos de médico e enfermeira na cidade. Trabalharão lá e morarão aqui. Prometo não interferir na vida de vocês.

Ficaram de pensar, mas logo no dia seguinte deram a resposta.

– Senhor Orlando – disse Ranulfo –, aceitamos sua oferta. Elisa tem ainda este semestre para receber o diploma, após viremos para cá e nos casaremos.

Ângela fez os exames, que não acusaram nada de grave. Tomando os medicamentos, tudo estaria sob controle. Despedi-me de Leonardo; ele ia ficar mais alguns dias e após retornaria ao trabalho.

Deixei-o feliz.

Um ano depois, Leonardo veio despedir-se de mim.

– Antônio Carlos, tudo está bem. Elisa e Ranulfo se casaram, estão muito felizes. O casamento foi muito bonito. Casaram na capela da fazenda. Foi emocionante assistir ao enlace dos meus futuros pais. O casal estava lindo e a felicidade presente. Os planos deram certo. Trabalham na cidade e moram na fazenda. Senhor Orlando e Ranulfo tornaram-se amigos e se dão muito bem. Em viagem de núpcias, eles foram a Bolívia, visitar o pai de Ranulfo. Ele pediu perdão ao filho, dizendo que errara acreditando na esposa. Ranulfo perdoou o pai e reataram os laços afetivos.

– E Rui? Como está? – indaguei.

– Rui está bem, visita muito Ângela. Minha mãe está ansiosa para que Elisa fique grávida, pois seu espírito sabe que serei o filho deles e que a amarei como avó. Logo estarei reencarnando. Até breve, amigo!

– Leonardo, desejo-lhe muitas felicidades, êxito, que consiga cumprir seus propósitos e que regresse ao plano espiritual na época certa. Até breve, amigo!

Abraçamo-nos.

O Engano

Fui visitar minha amiga Patrícia.[11] Realiza seus planos, estuda e leciona. Encontrei-a na Colônia de Estudos Casa do Saber, onde dá aulas por doze horas diárias, além de estudar seis horas em outra colônia.

– Antônio Carlos, que bom revê-lo! – disse-me contente, com seu sorriso encantador.

– Sei que está muito ocupada, mas vim visitá-la. Como tem passado esta minha amiga tão atarefada?

– Agradeço-o pela visita. Realmente estou muito ocupada, tenho trabalhado e estudado muito. Nos raríssimos momentos de folga, vou visitar meus familiares. Sei sempre deles, fazem parte de mim. Antônio Carlos, escrevi os livros por sua insistência e amei fazê-los. Mas sempre quis

---

11 – Autora dos livros: *Violetas na janela*, *Vivendo no mundo dos espíritos*, *A Casa do Escritor* e *O vôo da gaivota*. São Paulo: Petit Editora (N.A.E.).

dedicar-me ao que faço no momento: estudar e ensinar. E o faço com imensa alegria. Gosto muito de ir ao centro espírita que minha família freqüenta e escutar meu pai nas suas palestras, porém tenho ido lá raramente.

– Patrícia, não pensa em escrever mais livros? – indaguei.

– Atualmente tenho muito trabalho e, como disse, não tenho ido a Terra nem me comunicado com encarnados. Recebo muitos pedidos para continuar trabalhando na literatura. Embora eu fique emocionada com tanto carinho, peço aos meus leitores que me perdoem por não escrever mais.

Entendi o que a menina Patrícia falou. Nós, os desencarnados, não somos propriedade dos médiuns. Mas por motivos de afinidade e carinho estamos unidos a um em particular. Antes de escrever livros, eu, Antônio Carlos, era um desconhecido. Patrícia é uma das muitas jovens que desencarnou em sua cidade. Ela tem muitos motivos que a ligam à médium Vera e, para escrever os quatro livros, treinou por um bom tempo. Assim como eu, que me preparei nove anos para escrever o primeiro livro, e atualmente são muitos anos de trabalho e carinho. Não que não possamos escrever por outros médiuns, outros podem ser, às vezes, até mais capazes. Mas é por afinidade, treino e um imenso amor que nos unem.

Sabendo que Patrícia iria iniciar seu horário de trabalho, despedi-me de minha amiga com carinho.

Da Colônia Casa do Saber, fui à Colônia A Casa do Escritor, aonde vou sempre. Conversei com amigos e depois me dirigi à sala de pedidos, local da colônia, onde chegam pedidos para os escritores desencarnados.

– Recebemos agora este pedido – disse Aldo, que trabalhava ali no momento –, é de uma moça encarnada que se chama Francisca. Pede ajuda à Patrícia. Como ela não está conosco no momento, a equipe de socorro atende em seu nome.

– Se me permite, irei saber o que ocorre.

– Agradeço – disse Aldo.

Em instantes, estava ao lado de Francisca. Ela, em sua casa, chorava e pedia ajuda à Patrícia.

– Patrícia, como é duro ser médium! Que faço agora? Tenho psicografado com tanto carinho e me disseram que as mensagens que recebo não são de quem as assina.

Acalmei-a com passes e ela deitou-se. Analisei a situação. Francisca estava psicografando. Li as mensagens que recebeu, eram boas, com conteúdo espírita, mas não tinham nada a ver com o espírito que as assinava. Era de um desencarnado conhecido no meio espírita. Para tirar dúvidas, voltei à Colônia A Casa do Escritor, e não foi difícil achar o personagem, que me afirmou não ser ele o autor, finalizando:

– Sou muito ocupado; até que gostaria de ser protetor de muitos que me solicitam, mas não tenho tempo. E também não posso ditar mensagens à revelia. Sabe bem que tudo o que faço é preparado, que tenho o médium com que trabalhei e trabalho para estar com ele. E se tiver que ditar algo aos encarnados, é por ele que o farei.

Agradeci e fui ao centro espírita que Francisca freqüentava. Logo achei o desencarnado que se fazia passar por outro. Conversei com ele.

– Meu amigo – disse –, por que usa um nome que não lhe pertence? Como tomou a aparência desse desencarnado?

Alberto, era o nome dele. Não era mau, o que lhe faltava era conhecimento. Convidou-me a sentar ao seu lado e me disse:

— Admiro muito essa pessoa. Queria escrever, mas quem iria dar atenção a um simples Alberto desconhecido? Assinando um nome conhecido, chamo a atenção. Depois a médium queria muito que aquele espírito lhe ditasse mensagens. Queria tanto, que me aceitou na hora em que tentei passar por ele. Depois, tive tantos nomes, que importaria mais um?

— Alberto — disse-lhe —, antes de Emmanuel e André Luiz escreverem por meio de Francisco Cândido Xavier, eram desconhecidos, e assim também muitos outros que se destacaram na literatura espírita psicografada. Ficaram conhecidos pela perseverança e trabalho juntamente com os médiuns que lhes serviram de intermediários. Li o que escreveu. Tem talento. Por que não vai estudar? A Colônia A Casa do Escritor oferece ótimos cursos de preparação.

— Não é muito demorado? Treina-se por anos. E a médium irá querer?

— Paciência, perseverança e treino: este é o caminho para se fazer um trabalho bem feito. Não é certo usar nomes de outros.

— Não fiz por mal, sou bom — respondeu Alberto.

— Sei disto. Mas engana a médium. Por que não retoma o seu aspecto, o que tinha na sua última encarnação? Não deve continuar com a aparência desse outro desencarnado.

— Tive medo de que algum médium vidente me visse e me desmascarasse. Sabendo que podemos modificar a aparência perispiritual, tornei-me igual a ele. Se você me diz que isto é errado, serei eu mesmo daqui para frente.

Rapidamente ele se modificou, e era bem diferente. Alberto prometeu pensar nos meus conselhos e ir visitar a Colônia A Casa do Escritor. Despedi-me dele com carinho.

Nesse caso, Alberto aceitou meus argumentos, mas outros espíritos mais determinados ou rebeldes não os aceitam e, como têm o livre-arbítrio, são respeitados, e continuam a passar por outros. Cabe aos encarnados serem mais precavidos, estudiosos e menos orgulhosos e vaidosos.

Fui novamente até Francisca. Estava dormindo, provoquei o seu desprendimento do corpo adormecido, e ela o fez facilmente. Agora era quase como eu, em perispírito, só que ela estava ligada ao seu corpo físico. Olhou-me desconfiada e apresentei-me a ela.

— Sou um amigo, vim para ajudá-la. Vamos conversar um pouco? Por que você está triste?

— Estou há algum tempo psicografando. Gosto muito. Estava recebendo algumas mensagens de um espírito que assinava um nome conhecido dos espíritas. Fiquei contente, mas...

— Contente e orgulhosa?

Francisca não respondeu à minha indagação. Depois de instantes silenciosa, continuou:

— Vim a saber que não era este espírito que escrevia, e sim outro. Sofri muito, sinto-me enganada.

Ainda bem que Francisca não fez como muitos outros médiuns que, mesmo alertados, teimam, facilitando o engano do desencarnado mistificador. Mas como tudo o que não é verdade não vai para frente, um dia ambos, o desencarnado e o médium, caem em contradição, acabam sendo desmascarados. Tentei explicar isso de modo mais simples à médium.

— Francisca, o espiritismo não está nas mãos dos poucos conhecidos dos homens, mas sim dos muitos conhecidos de Deus, estejam encarnados ou desencarnados. Todos os espíritas sinceros, médiuns ou não, são os que fazem caminhar esta doutrina abençoada e consoladora. Todos os espíritas têm a mesma importância, seja o que dá passes com muito amor, o que trabalha na assistência social, o que faz uma sopa, o que confecciona uma roupa, o que trabalha com o livro espírita, o que faz palestras, o que doutrina um desencarnado, o que psicografa; enfim, aquele que quer aprender e progredir e todos aqueles que cumprem com amor uma tarefa simples, estão colaborando com a doutrina e todos devem ter a mesma consideração. Quanto aos desencarnados, são poucos os que se sobressaíram e ficaram conhecidos dos encarnados. Muitos trabalhadores desencarnados não são conhecidos dos encarnados, mas sim do plano espiritual elevado. Muitos encarnados costumam dar valor a nomes conhecidos deles, esquecendo-se dos nomes conhecidos do Pai-Maior. Não que estes não sejam conhecidos de Deus, são. Mas muitos outros desencarnados também aí estão trabalhando junto a encarnados com imenso amor.

— Queria tanto que fosse verdade, que esse espírito enviasse mensagens por meu intermédio – disse Francisca.

— Francisca, cada um de nós tem uma tarefa a fazer e esse espírito que cita, no momento, não pode fazer-lhe a vontade.

— Que engano chato!

— Vamos analisar o porquê desse engano. Você queria muito que esse espírito viesse escrever; quis tanto que o desencarnado que queria escrever, o fez e deu o nome que você desejava. Não foi por maldade, mas poderia ter sido. Espíritos brincalhões usam desse processo para enganar. Também ocorrem muitos casos em que o médium não pede ou não deseja mensagens de determinado espírito, mas o desencarnado que manda a mensagem, dá um nome que não é o seu, seja conhecido ou não. Por isso é preciso cuidado, tanto por parte dos médiuns quanto dos dirigentes de centros espíritas.[12]

— Que faço para não ser enganada? — indagou Francisca interessada em aprender.

— Estudar, cara Francisca. Allan Kardec analisava muito bem tudo o que recebia dos espíritos. Estude as obras do Codificador da Doutrina Espírita. Quando for psicografar, pense firme em Jesus como se nosso mestre Nazareno estivesse presente, e você a fazer a mensagem para Ele. Não queira mensagem de ninguém conhecido e, se vier alguma espontânea, analise bem para ver se é verdadeira. E muita, muita cautela; espíritos conhecidos, normalmente para evitar polêmica, preferem assinar, quando não é seu médium habitual, "um protetor", "um amigo" etc. Você, Francisca, no começo da mensagem, pode indagar quem é o desencarnado que quer escrever, se ele não quiser dar o nome e disser que é um protetor,

---

12 – O alerta vale também para o trabalho de curas. Existem, no plano espiritual, inúmeros médicos e estudiosos que gostam de trabalhar com médiuns, tentando amenizar as dores físicas dos encarnados. E muitos médiuns só querem médicos com nomes conhecidos, prejudicando esse trabalho tão bonito. O que importa são os resultados, e o médium deve ser humilde e trabalhador (N.A.E.).

tudo bem. Mas a mensagem deve ser analisada. Se for boa, de ensinamentos bons, é um bom espírito. Se não for boa, o desencarnado que escreve não está bem espiritualmente. A escrita grifa pensamentos e estes devem ser só bons. Os espíritos que não estão bem, devem usar da psicofonia para uma orientação. Mas, quando o espírito escritor dá o nome, pense bem em Jesus e peça ajuda a Ele e aos bons espíritos para que, se for verdade, o desencarnado continue a escrever e, se não for, que pare e não continue a enganá-la.

— Então foi minha culpa o engano que sofri?

— Não teria havido engano se você tivesse aceitado o desencarnado que se chama Alberto e que é desconhecido. Ore, vigie e estude, Francisca, porque, muitas vezes ao se querer tanto mensagens de desencarnados conhecidos, podem vir espíritos maus e começar uma séria obsessão, principalmente quando o médium é vaidoso. Esse desencarnado que enviou as mensagens, está há muitos anos com você. Mas o que falta a vocês dois é estudo.

— Mesmo com estudo é possível ser enganado?

— Estudo é conhecimento e com entendimento o engano fica mais difícil de acontecer. Mas mesmo com estudo ainda se pode ser enganado. Principalmente se o médium for vaidoso, orgulhoso e quiser mensagens de espíritos conhecidos. Se não tiver humildade para analisar, pode haver engano.

— É certo evocar um espírito para que escreva? — Francisca indagou, querendo saber.

— Depende — continuei a elucidá-la —, Allan Kardec evocava os espíritos para fins nobres. Outros espíritos preferem ensinar a não evocar para que não se caia em enganos. Como já lhe falei, os espíritos mais conhecidos dos espíritas têm muitas tarefas, nem sempre estão em disponibilidade para atender. Mas evocar os espíritos para ter mensagens de familiares, por exemplo, é válido. Não há muito interesse em se fazer passar por um desconhecido, mas mesmo assim pode haver desencarnados brincalhões, até maus, que o fazem. Muitos centros espíritas têm êxito ao pedir aos desencarnados que enviem mensagens para amigos e familiares. Isso deve ser feito com encarnados responsáveis e sob os cuidados de um mentor ou protetor da casa espírita. O desencarnado a quem foi feito o pedido, é localizado e, se estiver bem, é convidado a escrever, ficando à vontade para atender ou não o pedido. Se aceitar, vem e dita a mensagem. Deve-se saber que muitos dos pedidos não são atendidos, porque às vezes o desencarnado solicitado não pode ditar no momento por vários motivos. Para melhor fazer esse trabalho, aconselho-a a seguir as instruções que lhe dei. No começo da mensagem pensar em Jesus e pedir ajuda para não ser enganada.

— Acho que não vou mais psicografar — falou Francisca.

— Analise, Francisca, no que você pode ser mais útil. Lembro-a de que, não trabalhar com a mediunidade, por medo de ser enganada, não é desculpa. Sendo médium, deve trabalhar com sua mediunidade para o bem de você mesma. Todos os médiuns que são úteis, têm vários anos de trabalho, treino e estudo. Trabalhando no bem, quem primeiro recebe os frutos é você mesma, e depois os outros. A psicografia também requer do médium treino, trabalho e estudo. Talvez pela psicografia seus frutos se tornem conhecidos, mas para Deus não faz diferença. Nosso Pai-Maior quer que tudo o que fizermos, que seja com amor.

— Agradeço a linda lição que me deu — disse Francisca.

— São ensinamentos simples e se os seguir não será mais enganada.

Francisca voltou ao corpo. Quando acordou estava mais calma, recordou do sonho, ou seja, do nosso encontro. Falou baixinho:

— Devo tirar lições desse engano. Vou estudar mais e não vou querer fazer mensagens de espíritos conhecidos na literatura. Eles são muito ocupados. Vou, sim, prestar mais atenção ao conteúdo das mensagens que receber. E, certamente, se eu me dedicar, quem sabe eu e este Alberto não ficaremos conhecidos?

Orei por Francisca, desejando-lhe êxito e que não fizesse psicografia para se tornar conhecida, mas sim com compreensão, para ser útil com muito amor. Tornar-se conhecida não deve ser uma meta, e sim uma conseqüência de um trabalho bem-feito.

Parti para outra tarefa.

O Afogado

9

O domingo amanheceu lindo. O sol de verão brilhava no céu sem nuvens. Agenor levantou-se do leito, olhou para o céu e exclamou:

– O dia está me convidando para um passeio!

Era o único filho solteiro e morava com os pais. Estava sozinho em casa, porque seus pais foram logo cedo visitar seus avós e com eles passar o domingo.

– Vou à represa passear um pouco.

Só levaria seu calção de banho e dinheiro para o lanche. Resolvido, num instante estava no ponto de ônibus que, para sua sorte, passou logo. E lá foi Agenor todo contente e pensando:

"Não me importo em ir sozinho; lá encontro amigos e, se não encontrar, faço novas amizades. Voltarei antes dos meus pais. Mas se me atrasar eles não irão se preocupar, pois saio sempre aos domingos à tarde. Não posso perder a oportunidade de me bronzear neste domingo quente de sol."

A represa ficava perto da cidade em que morava. Agenor gostava muito de sua cidade, que não era grande, mas muito agradável. A represa também era pequena, mas bem arrumada e bonita, ótimo lugar para passeios. O local era muito freqüentado pelos habitantes da cidade em que residia. Agenor gostava muito de ir lá aos domingos e feriados, principalmente no verão, e aquele domingo estava ideal. Como seus amigos não iam, resolveu ir sozinho, mas normalmente passeava com sua turma.

Agenor, moço agradável, estava com vinte e três anos, era alegre e brincalhão. Trabalhava numa pequena fábrica e no momento não tinha namorada. Achava-se uma pessoa feliz.

O ônibus chegou à represa, Agenor desceu contente, porém não viu nenhum amigo. Mas logo estava jogando bola com uma turma de rapazes. Na hora do almoço, foi lanchar num pequeno restaurante e depois foi para a beira d'água. Admirou a beleza do lugar. Sentindo calor, resolveu dar um mergulho. Nadou por alguns minutos. De repente, pareceu-lhe que saiu do ar, ou seja, ficou alheio, ou "deu um branco", como os jovens costumam dizer.

Agenor voltou à margem e sentou-se num banco à beira d'água. Estava se recompondo quando alguém gritou:

– Olhem! Alguém está afundando! Um corpo! Alguém se afogou!

Quatro rapazes pularam n'água e foram ajudar o que achou o corpo, a tirá-lo da água. Agenor levantou-se e ficou olhando. Num instante reuniram-se muitas pessoas no local. Agenor achou mesmo que todos que ali estavam, tinham vindo para aquele pedaço. Logo os quatro rapazes tiraram da água o corpo do afogado.

— Está morto mesmo! — disse um dos rapazes que o examinou — Não tem pulso, não respira!

— É o jovem que jogou bola conosco de manhã — disse o outro moço.

— Acho que ele se chama Marco Antônio — falou outro jovem.

— Vamos levá-lo à cidade.

Os quatro jovens que tiraram o afogado da água, foram os que tomaram a iniciativa e conversavam entre si sobre o que fazer com o morto.

— Alguém sabe onde mora o Marco Antônio? — gritou um dos rapazes ao pessoal presente.

Uma mocinha, que não quis olhar o corpo com medo, disse:

— Marco Antônio mora na rua Oliveira, logo no começo.

— Então, vamos lá turma. Vamos levá-lo. Jogou bola conosco, cabe a nós levá-lo à família.

Muita gente falou, os palpites foram muitos. Agenor concordou com os jovens: jogaram bola juntos, eles deveriam levar o defunto para a família. Como ele também jogou, achou que deveria ir. "Coitado do afogado" — pensou. — "É dever cristão levá-lo aos familiares."

Puseram o afogado no banco de trás do carro, acomodaram-no entre dois moços. Agenor acomodou-se também atrás, e lá foram à cidade. Foram direto para a rua Oliveira, que não era longa, e começaram a indagar.

– Onde mora Marco Antônio?

Até que indicaram uma casa.

– Bem, é aqui. – disse um dos moços – E, agora, o que fazemos? Como chegar e dizer que trouxemos o filho morto, afogado?

– É melhor um de nós descer e dar a notícia devagar.

Concordaram e um deles desceu, bateu à porta da casa e uma senhora atendeu.

– É aqui que o Marco Antônio mora?

– Sim, é – respondeu a senhora.

– Ele está?

– Não.

– Bem, a senhora tem que ser forte. Aconteceu um fato desagradável e trouxemos seu filho morto.

A mulher começou a gritar desesperada. Os vizinhos saíram de suas casas e a rodearam, querendo saber o que tinha acontecido.

– O que houve?

– Morreu? Quem?

– Afogado? Onde está?

A senhora continuou gritando. Agenor ficou olhando. "Que chato!" – pensou. – "Que confusão!"

Depois de minutos, a senhora parou de gritar e o moço pôde explicar.

– É que Marco Antônio se afogou na represa, e o trouxemos morto.

– Meu filho se afogou na represa?! Mas meu filho está em São Paulo.

Correu para o carro e olhou o defunto.

– Meu Deus! – exclamou a senhora toda alegre. – Obrigada! Este não é meu filho, Marco Antônio!

– Não?! – gritaram os moços.

– Não, não é – disse a senhora aliviada.

– E agora? – perguntou um dos moços nervoso. – Onde será que este Marco Antônio mora?

– Ali naquela casa mora outro moço que se chama Marco Antônio – disse uma outra senhora.

– Vamos lá e já!

Entraram no carro e rumaram para a casa indicada. O pessoal que saíra das casas ao ouvir os gritos da senhora, foi atrás e chegou logo após o carro. Dois dos moços desceram e bateram à porta da casa já inquietos, querendo entregar rápido o defunto. Novamente uma senhora os atendeu; estranharam, pois era negra, e o defunto, branco. Um dos moços tratou logo de explicar.

– A senhora tem um filho que se chama Marco Antônio?

– Tenho.

– É que ele morreu afogado e ...

– Marco Antônio!

A mulher gritou alto e forte. Um jovem negro veio correndo.

– O que foi mãe? Que aconteceu?

Os moços se olharam desanimados.

– Como vê, este é meu filho Marco Antônio, vivo e forte.

– Desculpe-nos, é que informaram que ele morava aqui.

Um senhor, que seguiu o carro com os outros, e agora eram muitas as pessoas em volta dos moços, indagou aos rapazes:

– O que aconteceu?

Um dos moços resolveu explicar, porque sentiu que necessitava de ajuda.

— Estávamos na represa e este moço, o afogado, jogou bola conosco. Depois o encontramos morto na água, resolvemos trazê-lo para a cidade e entregá-lo aos seus pais. Só que nos informaram que ele morava por aqui.

— Nesta rua só tem dois Marcos Antônio. Moro aqui há tempo e conheço todos seus moradores – disse o senhor. – Vocês têm certeza de que o morto se chama Marco Antônio?

— Foi o que nos informaram.

Agenor não se sentia bem, estava um tanto enjoado e tentava prestar atenção, mas não estava se concentrando direito. Ele, que era muito falante, estava quieto acompanhando os acontecimentos. Pensou:

"Estou com vontade de ir para casa e me deitar. A turma não irá acreditar que estou me sentindo mal. Vão achar que os estou abandonando. Não fica bem largá-los agora."

Tentou prestar atenção nas conversas. O senhor continuou a falar:

— Vocês são uns imprudentes! Isto é caso de polícia. Quando alguém morre assim, tem que se chamar a autoridade, que se encarregaria de localizar e avisar os parentes. Vocês entraram numa "fria". Poderão ser acusados de ter matado o "cara", de ocultar o cadáver ou até de roubar o defunto.

— Roubar o cadáver? Mas queremos entregá-lo – disse um dos moços, apavorado.

— Jesus! Que faremos agora? – indagou um outro.

Os moços ficaram com medo e entenderam que aquele senhor tinha razão.

Agenor pensou: "Em que fria me meti: saí para passear e me distrair. Tentando ajudar um morto, posso ir preso!".

Um dos jovens pediu ao senhor.

– Por favor, ajude-nos! Não fizemos por mal!

– Vamos ver o cadáver – disse o senhor.

Foram todos até o carro, ele levantou a cabeça do afogado e examinou-o.

– Está me parecendo o Agenor, neto do senhor Chico e da dona Maria!

– Parece sim – confirmou uma senhora.

"Agenor! Mas o Agenor neto do senhor Chico e da dona Maria sou eu! O que está acontecendo?"

– Os avós dele moram logo ali – apontou o senhor. – E os pais deste moço estão lá passando o dia. Vou lá com vocês e os ajudo.

Entraram no carro, Agenor não. Ele foi correndo atrás com o pessoal que ali se juntara.

"Meu Deus!" – exclamou Agenor. – "É a casa dos meus avós. Será que estão pensando que sou eu o morto?"

Bateram à porta da casa, o avô de Agenor atendeu e o senhor explicou com calma e educação.

– Senhor Chico, estes moços foram à represa e acharam um moço morto, afogado. Trouxeram-no imprudentemente para a cidade, pensando que era o Marco Antônio. Como não é, achamos que poderia ser o seu neto Agenor. O senhor quer vir dar uma olhada?

Enquanto falava, o pai de Agenor apareceu na porta, depois a mãe e a avó. O pai foi até o carro. O pessoal ficou em silêncio absoluto. O pai de Agenor estava nervoso e tremia. Olhou o defunto, depois se encostou no carro e disse baixinho.

– É ele!

Caminhou de volta a casa para perto da esposa, que estava parada, branca e querendo chorar. Agenor aproximou-se do carro e pela primeira vez olhou bem para o morto.

"Mas sou eu! Como?"

Sentiu-se pior, encostou numa árvore perto do carro.

"Ai Jesus! Ai Jesus!" – choramingou baixinho.

Então Agenor viu seu outro avô, desencarnado, sorrindo-lhe tranqüilamente. Enquanto todos choravam, ele sorria. Até o pessoal que se ajuntara chorava. Ele, seu avô Marinho, veio ao seu encontro devagar. Pareceu-lhe muito bem, estava radiante. Aos olhos de Agenor, pareceu que seu avô estava dentro de uma luz. Só que ele havia desencarnado há tempos. Agenor assustou-se, mas não correu por se achar cansado e muito enjoado. Teve muito medo, mas não conseguiu deixar de olhar para seu avô. Ao vê-lo tão tranqüilo, sorrindo, foi se acalmando. Seu avô chegou perto e disse-lhe com muito carinho.

– Agenor, meu neto!

– Vovô!

Agenor refugiou-se nos braços do avô.

– Vovô Marinho, ajude-me! Como é que o estou vendo, se o senhor morreu? Jesus, ajude-me, por piedade! O que aconteceu comigo?

– Não se afobe, querido neto. Calma! Estou aqui em nome de Jesus para ajudá-lo!

– Sou eu o afogado? – Agenor indagou com medo.

– Sim, seu corpo morreu, mas você como espírito vive. Cuidarei de você!

Agenor sentiu-se levantar do chão, acomodou-se nos braços do avô e o mal-estar e o enjôo foram passando. Teve sono e acabou dormindo. Foi levado pelo avô a um posto de socorro, aceitou sua situação e logo se inteirou da vida nova que se lhe apresentou. Hoje, ri muito da confusão que houve na sua desencarnação.[13]

---

13 – Cada desencarnação acontece de um jeito. Agenor desencarnou logo que seu organismo teve uma indisposição que o fez perder os sentidos e se afogar. Não tendo conhecimento que desencarnara, presenciou os acontecimentos narrados. Mas isso não acontece com todos os que se afogam. Cada caso é um caso e, por ser o seu, é especial (N.A.E.).

10

Ajudando uma Família

Fui visitar um centro espírita e rever alguns amigos. Entre eles, estava Alexandre de cuja amizade tenho, há muito tempo, o prazer de desfrutar. Propositadamente, cheguei antes de iniciar mais um dos trabalhos da casa. Estava marcado para aquela noite o estudo do Evangelho e logo após seriam atendidas pessoas necessitadas de passe. Após abraços e cumprimentos, Alexandre chamou minha atenção para uma pessoa.

– Antônio Carlos, observe esta mulher!

A senhora orava com muita fé. Era alta, morena, simpática, deveria ter uns trinta e cinco anos.

– Vamos saber por quem ela pede com tanta devoção – falou Alexandre.

Alba, assim se chamava essa senhora. Ela orava e pedia pelos seus patrões.

— Vamos tentar atendê-la. Fiquei encarregado, pela orientação da casa, de auxiliá-la. Você não quer me ajudar?

Sorri. Como se Alexandre necessitasse de ajuda! Eu sim é que, acompanhando-o, muito teria que aprender. Combinamos ir, às nove horas do dia seguinte, ao lar dos patrões de Alba.

Alba gostava deles. Quando somos bons, tem sempre alguém que intercede por nós em caso de necessidade. Neste caso, a empregada doméstica pedia pelos patrões e, com sua fé e humildade, levou-nos até aquele lar que era confortável e grande, mas estava em desequilíbrio.

A família era composta de Salvador, com quarenta e seis anos de idade, Iva, com quarenta anos, e os filhos Henrique e Laura, adolescentes.

Salvador era um empresário, com uma indústria de porte médio. Tinha uma amante, Magda, por quem estava fascinado. Não se importava mais com a família. Não ficava muito em casa e, lá estando, era quieto. Quando perguntavam o que tinha, respondia por monossílabos e nervoso.

Iva, a esposa, estava doente e os médicos diagnosticaram depressão. Tinha dores pelo corpo, estava nervosa e chorava com freqüência. Pensava em morrer, e muitas vezes a idéia de suicidar-se vinha-lhe à mente, mas não tinha coragem. Alexandre e eu a examinamos. Carga fortíssima de fluidos negativos a envolvia. Estávamos com ela no quarto, quando duas entidades trevosas entraram no aposento. Sugaram suas energias e depois lançaram em Iva uma carga de fluidos deletérios. Ela se sentiu mal, a fraqueza a incomodava, começou a chorar, e as entidades obsessoras, a rir e criticar.

– Que fazem aqui? – indagou Alexandre.

Eles não nos viram, mas escutaram sua indagação. Olharam-se preocupados. Os dois estavam imundos, cabelos espetados e unhas grandes e sujas. Suas vestes eram largas e velhas, usavam colares de correntes grossas e, na cintura, um chicote com bolinhas de chumbo nas pontas. Os dois tentaram fugir, como sempre fazem quando percebem perigo, que para eles, nesse caso, era a intervenção dos bons. Alexandre impediu-os de sair, prendendo-os magneticamente. Um deles falou assustado.

– Deixe-nos ir, somos inocentes! Estamos aqui obrigados. Uma mulher nos mandou fazer isso e, se não obedecermos, seremos castigados.

Sempre se desculpam dizendo que são obrigados. Muitos encarnados e desencarnados maus obrigam de fato outros desencarnados a servi-los e, infelizmente, são realmente castigados se desobedecerem. Mas, normalmente, ficam juntos por afinidade e eles gostam do que lhes é oferecido, como farras e facilidades. Mesmo os que são obrigados, têm como se livrar, procurando a ajuda dos bons. Mas, na hora do aperto, costumam dar desculpas ou colocar a culpa em outros.

– Quem os mandou aqui? – indagou Alexandre novamente.

– A mulher que faz trabalhos de feitiços e macumbas.

– E quem pagou para ela fazer isso? – Alexandre perguntou com voz firme e forte.

– Magda – respondeu um deles.

Mesmo se eles não respondessem, leríamos seus pensamentos. E verificaríamos se falavam a verdade.

— Vocês vêm comigo – disse meu amigo.

Fiquei ali com Iva, enquanto Alexandre volitou com os dois, deixando-os no centro espírita para que recebessem a orientação necessária. Voltou logo e com ele veio um casal amigo.

— Este é Júlio e esta é Cecília. Trabalham conosco há um bom tempo. Vieram para auxiliar Iva. Ficarão com ela enquanto tentamos auxiliar os outros componentes da família.

Alexandre falou sorrindo, apresentando-nos. Depois mostrou Iva a eles. Júlio e Cecília observavam a dona da casa e depois se olharam.

— Júlio – disse Cecília –, Iva não está lhe parecendo familiar?

— Sim, tenho também esta impressão. Será que não é nossa filha, reencarnada?

— Júlio, acho que encontramos nossa filha! – exclamou Cecília.

Após examiná-la, concluíram:

— Realmente Iva foi nossa filha – falou Cecília.

Júlio voltou-se para nós e explicou.

— Iva foi, na encarnação anterior, nossa filha, e deu-nos muitas preocupações. Era rebelde, inconseqüente e teve muitos amantes. Acabou apaixonada por um homem casado, foi abandonada e suicidou-se. Sofremos muito. Quando desencarnamos soubemos que havia reencarnado. E, como o acaso não existe, agora tivemos por bênção achá-la e poderemos, pela bondade de Deus, cuidar dela.

Contentes, Júlio e Cecília aproximaram-se de Iva com todo carinho, abraçando-a com muito amor. Deveriam tirar dela os fluidos nocivos, medicá-la e não deixar nenhum irmão perturbador entrar na casa. Também tentariam transmitir-lhe pensamentos bons e intuí-la para que orasse. Desencarnados bons tiram os fluidos negativos de encarnados, mas estes precisam se cuidar para não criá-los novamente. Quanto a impedir os espíritos maus de entrar num lar é fácil. Mas o encarnado tem seu livre-arbítrio de pensar no que quiser. Assim pode ou não receber os pensamentos e incentivos que os espíritos bons ou maus tentam lhes transmitir. Os encarnados recebem melhor os pensamentos daqueles com quem se afinam.

A única a vibrar bem na casa era Alba, que era dedicada, fazia todo o serviço da casa, cuidava de Iva e gostava dos adolescentes como se fossem seus filhos.

Visitamos Salvador no trabalho, mas ele não estava lá, fora encontrar-se com Magda. Aproveitamos para conhecê-la. Vistosa, vestia-se com extravagância, era fingida, fazendo de tudo para ser agradável ao amante. Usava o trabalho do mal, feitiço ou macumba, para prender Salvador ao seu lado, não por amá-lo, mas por dinheiro. Desejava ser a esposa dele, queria Iva morta.[14]

---

14 – Ao orar e desejar o bem a alguém, enviamos fluidos positivos e benéficos. Ao querermos o mal, tendo ódio e rancor, enviamos fluidos nocivos. O destinatário pode receber ou não os fluidos, nos dois casos, porque tudo depende de sua vontade ou do estado vibratório em que se encontre, ou também de sua afinidade. Os trabalhos para o mal, denominados feitiços, macumbas ou outros, são feitos normalmente por médiuns, que servem aos espíritos trevosos. Esses trabalhos se concretizam, enviando-se fluidos negativos, ou ordenando que espíritos que vagam, fiquem perto das pessoas. Mas essas pessoas têm como se defender, orando com fé, seguindo uma religião de modo sincero, agindo com bondade e buscando ajuda de pessoas que possam anular esses trabalhos. Orações sinceras e humildes não ficam sem respostas (N.A.E.).

À noite, a mulher encarnada, médium, feiticeira ou macumbeira, que servia às trevas, chamou as duas entidades, as que encontramos junto de Iva. Alexandre e eu fomos no lugar delas. E também Mauro, um trabalhador que iniciava suas tarefas no centro espírita. Ia como aprendiz.

A mulher exalava um cheiro desagradável, vestia roupas muito coloridas, colares, figas e fumava um cachimbo. Estava sentada numa cadeira de madeira enfeitada com cabeças de animais. À sua frente havia bebidas alcoólicas e velas de várias cores. Alguns encarnados estavam sentados no chão num dos cantos da sala. Uns vinte desencarnados estavam presentes. A imprudente encarnada era médium vidente e infelizmente usava de sua mediunidade para fazer o mal. Os desencarnados ali presentes eram de diversos tipos, uns parecendo animais, outros verdadeiros monstros.[15] Outros se vestiam como encarnados e havia até os que não tinham roupa nenhuma. Havia desencarnados de ambos os sexos.

Alexandre, Mauro e eu víamos todos os presentes perfeitamente. Os desencarnados e a médium não nos viam, por vibrarmos diferente. Mas para nos apresentarmos a eles, quisemos e nos tornamos visíveis. No começo, olharam-nos com indiferença, depois passaram a nos examinar. Alexandre, com sua força mental, prendeu todos os desencarnados presentes. Eles não conseguiram se mexer ou falar, porém nos escutavam e enxergavam. Espíritos que sabem proceder como fez Alexandre, fazem-no com facilidade, porém têm

---

15 – Muitos ficam com esse aspecto, por castigos provocados entre eles. Mas a maioria se apresenta assim porque gosta, achando-se importante, ou para assustar mais (N.A.E.).

que estar presentes e normalmente isso se faz por pouco tempo. Alexandre o fez para que ficassem quietos e para que pudéssemos conversar com a médium. Alexandre falou alto, mas tranqüilo, sua voz soou como trovão.

– Exijo que a casa de Salvador e Iva seja respeitada. Agora aquele lar está sob minha responsabilidade. Não os quero lá!

A médium não ficou presa, mas não saiu do lugar. Não gostou da visita, olhou para os encarnados e gritou:

– Invoquemos o mal! Que nossos amigos nos acudam destes intrusos! Saiam os três daqui! Que querem de nós?

– Já disse – falou Alexandre –, aqui estamos para lhes dizer que os dois desencarnados que estavam em casa de Salvador e Iva, não voltarão mais. E, se alguém daqui ousar ir lá, também não voltará. Não invoque seus seguidores desencarnados, porque estão presos, e vocês só voltarão ao normal quando sairmos daqui. Quanto a você, encarnada, lembro-a de que um dia terá que dar conta de seus atos. Está plantando dores e sofrimentos e colherá do que planta!

Volitamos para fora. Os desencarnados presos puderam se mexer e ficaram aliviados.

– Irão obedecer? – indagou Mauro curioso.

– Júlio e Cecília os prenderão, se algum destes espíritos for à casa de Iva. Essa mulher é inteligente, e sabe bem com quem pode. Não lhe é agradável perder seus empregados. Acho que não nos incomodarão. Se este grupo estivesse empenhado numa vingança ou obsessão, seria mais difícil. Nesses casos, encarnados e desencarnados estão ligados por ódio, que é um sentimento forte, que não se desfaz facilmente e não deixariam de fazê-lo só com advertências.

Mas, neste caso, é um trabalho do mal ou feitiço, e foi feito por pagamento. Sabendo que trabalhadores do bem estão interferindo, não é mais do interesse deles continuar.

– A mulher, a médium, devolverá o dinheiro que recebeu da mandante, já que não irá mais fazê-lo? – indagou Mauro novamente.

– Trabalhos assim costumam ser caros, quanto mais o encarnado julga saber fazer, mais cobra. Duvido que ela devolva o dinheiro e ai da mandante se ousar reclamar – elucidou Alexandre.

– Apesar de cobrar caro, nunca vi uma pessoa enriquecer com esses trabalhos – disse Mauro.

– É verdade – falou Alexandre. – O dinheiro obtido desse modo não traz fortuna. E a responsabilidade dessas pessoas é grande; um dia se arrependerão e sofrerão as conseqüências de suas maldades.

– E se levássemos todos os desencarnados que lá estavam para serem orientados? – indagou Mauro contente com a idéia que teve.

– Seria prudente levarmos para socorro tantos imprudentes? Não seria fácil aceitarem a orientação, que não querem no momento. Com o tempo se cansarão, então desejarão mudar e encontrarão no socorro oferecido a orientação que necessitam. Levamos aqueles dois porque julguei necessário. Tinha que intimidar aquela encarnada. Os dois, por meio da incorporação, receberão o convite para mudar de vida, e aceitarão se quiserem. Mas, como disse que não voltariam, eles devem permanecer no centro espírita por uns tempos. Creio que no ambiente propício do nosso centro espírita eles mudem. Mas são só dois, com muitos isto seria imprudente.

– Nós poderíamos tentar orientar os desencarnados e os encarnados? Eles também estão desajustados tanto quanto os desencarnados. E as pessoas que pagam para que estes trabalhos do mal sejam feitos? São também culpadas?
– Mauro, os médiuns que se iludem com o falso poder, para ganhar dinheiro, ligam-se a esses desencarnados, mas são muito errados. Encarnados e desencarnados afinam-se e igualam-se. Todos nós temos nosso livre-arbítrio em que Deus, nosso Pai, não interfere. Fazemos as ações e somos donos das reações. Se levássemos todos os desencarnados e tentássemos orientá-los, ficariam ainda os encarnados que logo achariam outros desencarnados para juntos trabalharem no mal.
– Tem razão, Alexandre – disse Mauro. – Entendi. Há muitos encarnados e desencarnados que fazem o mal, como também muitos que fazem o bem. E cabe ao prudente precaver-se desses trabalhos, orando e vibrando no bem.

Despedimo-nos de Mauro, que voltou aos seus afazeres no centro espírita. Alexandre e eu voltamos à casa de Iva e fomos ver os adolescentes. Henrique caminhava para o vício: começou fumando maconha e já estava usando cocaína injetável. Gastava toda sua mesada, e também já havia vendido alguns objetos pessoais e ainda estava necessitando de mais dinheiro.

Laura estava grávida e, no dia anterior, havia retirado o exame com a confirmação. O namorado não queria assumir a criança nem vê-la mais. Estava desesperada e começou a pensar em suicídio, como uma forma de resolver os problemas. Cecília, preocupada com Laura, estava conosco e Alexandre lhe explicou:

— Cecília, os pensamentos têm forma. Podemos pensar no bem para nós e para os outros, como também no mal. Costuma-se dizer, e é certo, que os que pensam em acontecimentos bons, atraem para si coisas boas. Os que pensam em coisas ruins, atraem-nas para si. Iva pensa tanto em suicídio, materializando formas-pensamentos[16] que alguém mais sensível pode recebê-las. Laura que passa por dificuldades, recebeu esses pensamentos, alimentou-os e planeja suicidar-se.

Alexandre pediu ajuda a um jovem que há anos trabalha com os drogados. César veio então trabalhar conosco, passou a ficar perto de Henrique para tentar ajudá-lo.

Limpamos com passes todos os quatro moradores daquele lar e tudo fizemos para aconselhá-los. Concentramo-nos em Salvador, para que voltasse a atenção para a situação do seu lar.

Laura estava irredutível e, por mais que tentássemos ajudá-la, não nos atendeu; tomou um vidro do remédio para dormir, de sua mãe.

Usamos Alba para socorrê-la. Ela nos atendeu e foi ao quarto da mocinha, encontrando-a caída. Viu o remédio, deu o alarme e gritou. Iva e Henrique, que estavam em casa, vieram correndo. Chamaram o pai e levaram-na

---

16 – Conforme nos ensina Ernesto Bozzano, em seu livro *Pensamento e vontade*, editado pela Federação Espírita Brasileira, podemos, por meio do pensamento, materializar formas-pensamento muito complexas, inclusive com a aparência de animal ou de um ser humano, e essas formas, sem vida própria, existirão enquanto forem alimentadas pela fonte geradora, ou seja, pelo pensamento de quem as criou. Recomendamos a leitura do livro referido, pois esse é um tema bastante extenso (N.A.E.).

para o hospital. O socorro veio bem a tempo, mas Laura perdeu a criança.

Salvador e Iva assustaram-se quando o médico lhes contou sobre o aborto. Laura ia ficar mais uns dias no hospital. O casal voltou para casa desconsolado.

– Minha filha grávida e eu nem sabia – disse Iva triste.

– Quase morreu! – exclamou Salvador. – Meu Deus! O que está ocorrendo conosco?

O acontecimento foi um choque para o casal. Com Júlio e Cecília perto de Iva, ela melhorou e resolveu lutar contra sua depressão e seu estado de desânimo. Sem os fluidos negativos e sem as duas entidades a lhe sugarem energias, sentiu-se bem. Tomou consciência de sua culpa: Tinha se esquecido dos filhos; pensava muito em suicidar-se e foi a filha que quase morreu. Certamente Laura sofria, estava grávida e ela nem notara. Por mais que soframos, não devemos nos esquecer dos que estão à nossa volta. Iva se deixou dominar, concentrou-se em seus problemas e se esqueceu do resto. Teve culpa, e, foi assim que entendeu e tratou de consertar a situação.

Salvador levou um susto com a tentativa de suicídio da filha. Amava os filhos de forma errada, mas os amava. Aproveitando sua preocupação, César induziu-o a se encontrar com um senhor muito bondoso, para conversarem. Esse senhor e Salvador eram amigos e há tempo não se viam. Depois de minutos de conversa sobre negócios, o senhor, atendendo o pedido de César, falou a Salvador:

– Tenho visto seu filho Henrique em más companhias. Está sempre com um grupo que usa droga. Você já percebeu? Talvez seu garoto esteja precisando de ajuda.

Salvador levou outro susto. Agradeceu e ficou muito preocupado. Começou a pensar no filho e aí percebeu que Henrique estava estranho, teve então certeza de que ele estava se drogando.

Salvador foi buscar Laura no hospital e, quando a filha chegou em casa, encontrou a mãe preocupada e carinhosa.

— Laura, que susto nos deu. Minha filha, prometa-me não fazer mais isso? Iríamos sofrer muito se tivesse morrido. Que seria de mim sem você? Perdoe-me, descuidei-me de você. Amo-a muito e a ajudarei.

— Não quis dar à senhora o desgosto de ter uma filha mãe solteira — disse Laura chorando.

— Como você sofreu, filhinha! Certamente eu não iria ficar contente com a notícia de você ser mãe, mas antes mais um, do que menos um. Amaríamos seu filho e o ajudaríamos.

— Agora, perdi o nenê — Laura queixou-se. — Coitadinho, morreu pela minha insensatez.

— Mas temos você! — exclamou Iva.

Abraçaram-se e choraram prometendo ser amigas. Salvador, que ficou perto, escutou as duas, comoveu-se e chorou também. Aproximou-se e abraçou a filha, não falou nada, mas reconheceu também sua culpa.

Laura se sentiu tranqüila com o carinho dos pais. Naquela noite, orou, pediu perdão a Deus e prometeu nunca mais pensar em suicídio.

Com tantos problemas, Salvador não viu mais Magda nem quis. Passou a ser mais caseiro e a ver Iva de outra forma.

César estava fazendo um bom trabalho com Henrique. O ocorrido com a irmã preocupou o garoto e, ao ver a mãe sofrer, sentiu remorso. Quando Salvador quis conversar com ele, aceitou. Vibramos para que a conversa fosse harmoniosa e proveitosa. O pai foi ao assunto sem rodeios.

— Filho, sei que está se drogando. Quero ajudá-lo. Permite?

— Por que esta preocupação agora. Faz tempo que não presta atenção em nós, só pensa naquela mulher.

— Sei que errei. Mas quem não erra? Também necessito de ajuda. Você não quer me ajudar?

Henrique, que estava de pé, olhou bem para o pai, estranhando. Depois, sentindo sinceridade nele, sentou-se ao seu lado, no sofá.

— Ajudá-lo? Como? — indagou o jovem.

— Estive perturbado. Magda parecia me fazer falta, como a água. Quero livrar-me dela. Como você já disse, ela é uma peste. Penso que é como droga, ruim. Vamos fazer um trato? Você me ajuda a livrar-me dela, e eu ajudo você a deixar as drogas. Quero paz para minha família, quero Iva curada, Laura e você bem e em casa. Quase os perdemos. E eu os amo!

Henrique chorou.

— Papai, quero sua ajuda!

Abraçaram-se e, depois de uns instantes em silêncio, Henrique indagou ao pai:

— Mamãe sabe que uso droga?

— Não, e acho melhor ela não saber. Será um segredo nosso.

No outro dia, Salvador levou Henrique a um médico especializado e a um psicólogo. O adolescente saiu da escola, que era freqüentada pelos amigos que se drogavam. Disseram a Iva que ele estava muito atrasado e ia ser reprovado, por isso sairia da escola, para voltar no ano vindouro. Fizeram planos de ele ir para outra escola, assim que o ano letivo começasse. Henrique foi trabalhar com o pai, porque estando perto se ajudariam. Salvador não pensou mais em Magda; sua preocupação agora era sincera com os familiares. Henrique, vendo o pai não ir mais se encontrar com a amante, esforçou-se também para não se drogar.

Magda procurou muitas vezes Salvador e, porque não fosse recebida, voltou à médium, a mulher a que lhe fez os trabalhos para o mal. Reclamou e dela ouviu:

— Não quero fazer mais o que me pede, com aquela família. Você é que se vire! Você me disse que era fácil, que eles não eram de orar, que não tinham religião no coração. No começo foi realmente fácil, depois os bons entraram em cena e puseram-nos para correr. Fiquei sem dois ótimos ajudantes. E recebi uma advertência para não me intrometer mais lá. Não posso com quem me ordenou e não sou burra para teimar.

— O que faço agora? — indagou Magda. — Salvador não quer mais me ver.

— Arrume outro trouxa — foi a resposta seca da mulher.

Salvador e Iva fizeram as pazes, para a alegria dos filhos. Voltaram a dormir no mesmo quarto. Iva parecia outra. Passou a ser alegre e a se arrumar. Laura tinha agora nos seus pais os amigos que sempre quisera. Superou o trauma que sofreu, fez o propósito de não errar mais e passou a estudar com vontade. Henrique libertava-se das drogas. César voltou aos seus afazeres e também Júlio e Cecília.

– Ainda voltarei algumas vezes aqui para verificar se tudo continua bem – disse Alexandre. – Antônio Carlos, tive notícias dos dois desencarnados que levamos ao centro espírita: aceitaram a orientação e foram levados para uma colônia.

– Que bom! – exclamei contente. – Tudo terminou bem.

Também ia embora. Iva e Alba conversavam.

– Alba, devo-lhe tanto! Você é tão boa, mais do que empregada, é como uma pessoa da família. Salvador e eu pensamos em recompensá-la, começando por aumentar o seu salário. Ajudou-nos tanto!

– Eu também gosto de todos. Não fui eu quem os ajudou. Só pedi auxílio a vocês no centro espírita!

Abraçaram-se, felizes.

Aprendendo a Servir

Nasci e cresci numa favela de uma grande cidade. Desde pequeno, era amigo de Marcelo. Morávamos perto, íamos à escola juntos, jogávamos futebol, brincávamos de pipa, pião etc. Pequenos ainda, descíamos o morro para vender balas no centro da cidade. Freqüentamos a escola até a quarta série, depois fomos "batalhar" para encontrar emprego. Marcelo arrumou na oficina mecânica perto da favela, e eu, num supermercado.

Mas não gostei do emprego e comecei a pensar em tornar-me bandido. Os traficantes do morro logo me aceitaram e, então, larguei o serviço e comecei a aprender as malandragens do grupo a que me entreguei.

Marcelo advertiu-me:

– Vandi, isto não é para você, não vire bandido. É melhor ser honesto. Bandido não tem vida longa: morre ou vai para a cadeia.

Chamo-me Vanderley, mas todos me conheciam na favela por Vandi. Morava com meus pais e meus três irmãos menores. Meus pais trabalhavam muito e nunca tiveram nada. Pediram para não me ligar aos bandidos, como falei que ia, disseram-me que então seria problema meu e que deveria sair de casa. Assim fiz. Fui morar em outro local da favela e quase não via mais meus familiares. Mas sempre que recebia um dinheiro a mais, levava para minha mãe. Marcelo foi o único que se preocupou com meu destino, tentando aconselhar-me. E ali estávamos, num barzinho do morro a conversar.

– Marcelo – disse a ele –, você tem o exemplo dos honestos por aqui: eles não saem disto. Trabalham duro e nada de melhorar. Que futuro terei trabalhando no supermercado? No bando terei mais coisas e trabalharei menos. Venha você também unir-se a nós.

– Não, não quero – respondeu Marcelo. – Vou trabalhar.

– Você tem medo! – provoquei-o.

– Não sou covarde, sabe disso. Mas não quero ser bandido. Bandidos fazem muitas coisas erradas que deverão doer na consciência um dia.

Não quis insistir, conhecia bem meu amigo e sabia que não ia mudar sua forma de pensar. Marcelo começou depois de um tempo a me evitar. Um dia comentei isso com ele, porque sempre achávamos tempo para um bom papo.

– Vandi, minha mãe não quer que converse mais com você, ela tem medo que a polícia ache que pertenço também ao bando, ou que, sendo seu amigo, podem me pegar e me torturar para dizer onde você está.

A mãe de Marcelo era viúva, e moravam os dois num barraco simples. Ele tinha só uma irmã que era casada e morava em outro lugar. A mãe de Marcelo gostava tanto dele que até me fazia sentir inveja.

– Entendo, Marcelo – respondi. – Tudo bem!

Assim, distanciamo-nos, encontrávamo-nos raramente e, quando o fazíamos, conversávamos por minutos apenas. Infiltrei-me cada vez mais no grupo, aprendi a atirar, ganhei armas e confiança. Para mim tudo estava bem. Marcelo entrou para a polícia e continuou morando na favela.

Alguns anos se passaram.

Num assalto, encurralam-me, feri uma pessoa e matei um policial. Fui ferido na perna, e preso. Bateram em mim para valer, e me torturaram muito. Levaram-me para um cubículo e me penduraram pelas mãos. Sentia muitas dores e fiquei sozinho.

Ao ver que a porta se abria, estremeci. Mas fiquei aliviado ao ouvir uma voz conhecida. Era Marcelo.

– Vandi!

– Marcelo! – balbuciei. – Está sozinho?

– Sim. Tome esta água!

Deu-me a água na boca. Estava com muita sede.

– Queria ajudá-lo – disse Marcelo. – Mas não posso soltá-lo, e não tenho como tirar você desta delegacia.

Entendi, realmente, ele não tinha como me tirar dali.

– Marcelo, eles irão me matar, não é?

Meu amigo não respondeu, abaixou a cabeça. Compreendi que eles iam me eliminar devagar, aos poucos.

– Você matou um policial, uma pessoa querida de todos aqui. Vão interrogá-lo para que diga onde estão escondidos seus companheiros.

— Vão me matar por tortura – gemi.

Marcelo novamente não respondeu, nem precisava. Então pedi a ele:

— Marcelo, se quer me ajudar, mate-me de forma rápida, por favor.

— Quer mesmo?

— Por favor.

Ele tirou uma faca da cintura, aproximou-se mais de mim e disse:

— Cortarei uma veia de seu pescoço, morrerá rápido por hemorragia, pensarão que foi devido aos machucados.

Entendi, pois assim ele não seria acusado.

— Agradeço, meu amigo, valeu, fico lhe devendo esta.

Desde garotos tínhamos este costume: os favores feitos um ao outro, dizíamos que ficávamos devendo, e costumávamos pagar.

Marcelo cortou rápido a veia do meu pescoço e o sangue esguichou. Vi, ainda, ele limpar a faca na minha camisa, num pedaço que, nem sei como, ficara limpo. Saiu e fechou a porta.

Fui ficando tonto, perdi os sentidos, acordei e senti-me confuso. Sentia dores, mal-estar, tontura, parecendo que estava dopado. Pensei aflito: "Algo não deve ter dado certo, Marcelo deve ter errado no corte. Ficou com dó e acabei por não morrer".

A porta se abriu e entraram dois policiais me ofendendo; foram pegar-me para mais uma sessão de tortura.

— Está morto! O cara morreu! – exclamou um deles.

— Será? – disse o outro – Morto?

— Está morto sim. Que pena, queria tanto torturá-lo.

Soltaram-me, caí e me chutaram para um canto.

"Estão achando que estou morto, devo estar péssimo" – pensei.

Tentei mexer-me, mas não consegui. Fiquei ali, saíram e deixaram a porta aberta. Logo entraram outros dois homens, que me pegaram, levando-me para uma urna funerária. Era um caixão simples, limparam meu rosto e me vestiram com outras roupas. Escutei:

– Como a família dele foi avisada e disseram que não querem ver o defunto, será enterrado como indigente. Logo o levarão ao cemitério.

"Deve haver algum engano" – pensei. – "Não morri, mas eles pensam que sim. Não consigo me mexer e estou frio como gelo. Tenho muitas dores, e morto não deve sentir dores."

O fato é que fecharam o caixão, levaram-me e me enterraram. Mas continuei sentindo-me vivo. Ali estava em completa escuridão, sentindo fome, frio, sede e muitas dores. Não sei quanto tempo fiquei ali naquele horror, para mim pareceram séculos. De repente, senti um puxão e saí. Que alívio! O ar fresco bateu no meu rosto. Enxergar novamente foi magnífico. Vi que estava num cemitério.

– Vire-se, agora! – ouvi alguém dizer.

Vi um homem indo embora sem falar nada. Compreendi que fora ele quem me tirou dali, nem esperou que agradecesse.[17] Sentei no chão e analisei a situação.

---

17 – Não deve ter sido um socorrista que desligara Vandi do corpo morto, porque, se fosse, teria tentado orientá-lo. Alguns desencarnados que vagam, ou até certos moradores do umbral, costumam fazer algo de bom como o que aconteceu com o nosso personagem. Certamente eles auxiliam como sabem. É o bem que começa a despertar neles (N.A.E.).

"A coisa não está boa. Disseram que morri, enterraram-me, fiquei embaixo da terra e, se não morri na prisão, devo ter morrido depois de enterrado."

Estava muito machucado e descalço. Sentia muitas dores que não passavam em momento algum. Fiquei pelo cemitério uns dias, sei que foram dias porque clareava e escurecia. Resolvi então voltar à favela. Com muitas dificuldades cheguei e fui para o barraco de Bernadete. Não havia ninguém e resolvi esperar. Benê, assim a chamávamos, era minha amante, uma moça bonita e ambiciosa. Do meu modo, gostei dela.

Ela regressou ao barraco acompanhada por um dos meus ex-colegas do bando. Não me viram, passaram perto de mim e não me notaram. Tive então a certeza de que havia morrido. Conversaram.

– Benê, o chefe mandou lhe dizer que é para você enganar o Marcelo e fazer com que ele seja um informante nosso.

– Marcelo é honesto, Vandi sempre me dizia isto – respondeu Benê. – Ele veio aqui em casa só em consideração ao amigo, para ver se eu estava precisando de ajuda.

– Você diz a ele que precisa de companhia etc. Enrola o cara e faz com que ele trabalhe para nós.

Terminada a conversa, o homem saiu e Benê ficou sozinha, mas por pouco tempo. Bateram à porta, era Marcelo.

– Oi, Benê! Como vai?

– Triste, amigo, bem triste. Sinto tanta falta de Vandi. Entre, fique um pouco comigo, fazendo-me companhia.

Triste, percebi o tanto que Benê era fingida. Não sentia falta nenhuma de mim. Mas isso não me importou, pois sabia que não era boa coisa, era tal como eu. Mas Marcelo estava preocupado com ela, acreditava no que Benê lhe dizia. Foi procurá-la porque sentia remorso por ter me matado. Mas, eu não via nele meu assassino, e sim alguém que me fizera um grande favor. E estava lhe devendo esse favor, embora não me cobrasse. Vi o perigo que ele corria; se entrasse para o bando, era como ele mesmo tinha falado há tempos. O sujeito ficava perdido, ou era preso, ou morria em brigas entre o próprio bando ou em guerras entre os bandos rivais. É um caminho sem volta, em que só se é libertado com a morte. E, assim mesmo, muitos desencarnados continuavam no bando seguindo os encarnados.

Resolvi ajudá-lo, ou melhor, queria, mas como? Saí chateado do barraco e comecei a andar pela favela. Foi aí que vi o terreiro. Conhecia bem o terreiro, todos na favela sabiam dele. Muitas vezes os membros do bando iam até lá para receber a bênção dos santos. Fiquei por muito tempo parado na frente do terreiro. Os encarnados iam chegando para mais um dos trabalhos. Até que criei coragem e bati à porta.[18]

– O que você quer? – indagou um senhor que atendeu.
– Acho que estou precisando de ajuda, é isto, necessito de auxílio.

O senhor olhou-me bem, viu que estava muito machucado e indagou:
– Polícia ou bandidos?

---

18 – O local a que Vandi se referia era um terreiro onde se misturava umbanda e candomblé. Atendia a todos, inclusive os fora da lei, por dois motivos: por medo, e porque não se deve negar ajuda a ninguém. Poderiam, também, sempre ter uma oportunidade de orientá-los. Quanto a Vandi bater à porta, fez isso mesmo, pois teve medo de entrar sem ser convidado. Ao bater, foi ouvido pelos trabalhadores desencarnados que lá estavam, tal qual como ocorre com os encarnados (N.A.E.).

Certamente queria saber quem foi que me levou ao mundo dos desencarnados e quem havia me machucado tanto. Embora a resposta não fosse interceder no socorro, foi só uma curiosidade daquele desencarnado.

– Polícia, respondi.

– Entre.

Acompanhei-o, atravessamos o pátio e ele me colocou numa fila. Na fila, perguntaram-me por três vezes o porquê de eu estar tão machucado, e eu repetia resumindo minha história. Alguns encarnados fizeram uma roda, estavam de pé, vestiam-se de branco. Nós, que estávamos na fila, íamos chegando perto desses encarnados, médiuns, e por eles falávamos incorporados, recebíamos orientação e cura. Na minha vez, nem precisei falar nada, o desencarnado que estava incorporado numa médium me disse:

– Machucaram-no muito. Você sabe que desencarnou?

Afirmei com a cabeça.

– Vamos curá-lo. Peça ajuda a Deus, nosso Pai; peça a Ele sua cura.

Pedi com sinceridade, porque sentia muitas dores, fraqueza e frio. Meus ferimentos foram fechando e, em poucos minutos, fiquei como antes de ser preso. Sentia-me bem.

– Obrigado, meu Deus! – exclamei comovido. – Muito obrigado a todos os senhores.

Quis pedir algo mais, porém não tive coragem. Mas o desencarnado que era enorme, tinha mais de dois metros de altura, disse-me:[19]

---

19 – O espírito era alto, porque era assim quando encarnado, ou porque, tendo vontade, modificou-se para ter essa altura (N.A.E.).

– Quer pedir algo mais?
– Posso? – perguntei encabulado.
– Sim.
– Devo um favor a um amigo. Ele foi bom comigo, ajudou-me e agora vejo que lhe prepararam uma armadilha. Quero ajudá-lo, mas não sei como.
– Qual é seu nome? – perguntou o grandalhão.
– Me chamam de Vandi.
– Um favor por outro favor é justo. Também agimos assim. Ajudo você, porém ficará um mês trabalhando aqui.

Um mês pareceu-me muito, não me agradou a proposta. Mas, se era para tentar ajudar Marcelo, valeria a pena.

– Não sou preguiçoso – respondi. – Mas não sei fazer nada do que se faz por aqui.
– Aprende – respondeu-me.
– Aceito!

O desencarnado que conversava comigo, chamou um outro, que veio rápido; era um negrinho risonho, esperto; e disse-lhe apontando para mim.

– Trigo, você vai ajudar o Vandi aqui a fazer um trabalho, depois ele vem trabalhar conosco como aprendiz por um mês. Ficará sob sua responsabilidade.

Trigo pegou-me pela mão, saí de perto do médium e fui com ele para outra sala.

– Vandi – disse ele –, coloque este par de tênis, não é bom que continue descalço.[20]

Achei ótimo, estava incomodado sem calçado.

– Por que o chamam de Trigo? – indaguei.

---

20 – As roupas são plasmadas, e assim também os calçados (N.A.E.).

– Apelido. Não gosto do meu nome, gosto de Trigo. Como o mentor daqui disse, com o trigo é que se faz o pão que alimenta. Agora, amigo, você deve me contar tudo, para que eu possa ajudá-lo.

Contei tudo.

– Vamos até Marcelo e verei como fazer para alertá-lo.

Fomos até o barraco de Marcelo. Ele estava sozinho, porque sua mãe havia saído. Continuava solteiro e morando com ela. Pensava em Benê.

– Que sorte! – disse Trigo. – O "cara" é médium. Com minha ajuda, você poderá tornar-se visível a ele.

– Ele vai me ver? Mas o coitado irá levar um susto. Todos têm medo de ver espírito.

– O susto não lhe fará mal, ele é forte. Depois será o impacto que o levará a acreditar. Quando você notar que ele o está vendo, aproveite e diga logo o que quer.

Trigo colocou as mãos sobre Marcelo, fazendo movimentos de cima para baixo e, às vezes, as movia em círculo.[21]

Fiquei como Trigo me recomendara, na frente de Marcelo, e ele, logo depois de Trigo ter acabado com seu estranho ritual, viu-me e ficou, como eu previra, assustadíssimo.

– Ai Jesus! – exclamou ele, com medo. – É você mesmo Vandi? Mas você morreu! Quero que saiba que não estou lhe roubando a mulher, eu...

– Marcelo, meu amigo! – disse calmo para não aterrorizá-lo mais ainda e para ele saber que eu vinha em

---

21 – Esse espírito sabia como ativar a mediunidade. Usou da sua força mental, para interferir no campo mental do encarnado e, com isso, fazer com que tivesse maior vidência espiritual e, assim, conseguisse ver o desencarnado (N.A.E.).

paz. – Benê não me interessa, ela não é boa pessoa. Morri e sei disso. Nós temos alma, meu caro, que não morre e estou vivendo de outra forma. Você me fez um favor, fiquei devendo e vim para lhe pagar. Benê é do bando e está a mando do chefe, preparando-lhe uma armadilha. Eles querem você como informante. Ela fará tudo para seduzi-lo e depois o convencerá a trabalhar para eles. Você há tempo me deu um conselho que infelizmente não segui e você sabe bem o que aconteceu comigo. Agora, lembro a você: não entre nessa. Não é bom. É um triste caminho sem volta. Cuide-se, amigo. Adeus.

Fui sumindo. Marcelo ficou parado, não conseguia sair do lugar e tremia de medo. Trigo colocou as mãos de novo sobre Marcelo e fez como antes, isto para que ele não visse mais desencarnados e voltasse ao normal. Fora ativada a sua vidência só para este fim, para ver-me.[22] Meu amigo começou a pensar no que ouviu de mim.

– Obrigado, Trigo. Paguei o favor que devia a Marcelo, ele é boa pessoa. Agora cabe a ele aceitar ou não meus conselhos.

– Engraçado, dever favor a alguém que matou seu corpo – disse Trigo.

– Na circunstância em que foi, é favor sim.

Só mais tarde compreendi que tinha errado em pedir que ele me matasse. Como também Marcelo errara por ter me matado, embora seu ato tenha sido sem ódio, e sim por

---

22 – Esse espírito pôde fazer isso por meio da mediunidade de Marcelo. Consiste num processo não muito usado entre os bons e estudiosos. Foi um recurso que o desencarnado usou, porque sabia como fazer. Não são muitos os que têm essa técnica (N.A.E.).

amizade. Não se deve fazer isso. A desencarnação deve seguir seu curso natural e ninguém deve abreviar a vida física.

Marcelo aceitou meus conselhos, a visão alertou-o. Evitou Benê e, logo que foi possível, ele e a mãe mudaram-se da favela.

Como prometi, voltei ao terreiro, para aprender a trabalhar. No começo achei difícil. Mas acostumei-me logo. Atendia aos desencarnados que ali iam em busca de ajuda e os levava para as filas. Alimentava alguns que estavam dormindo. Nesse local, havia uma construção no plano espiritual, um abrigo para desencarnados. Ali eram acolhidos desencarnados que sofriam, e outros que dormiam. Alguns dos alimentos, na maioria das vezes sopa e sucos, eram feitos ali mesmo, ou recebidos de um grupo que vinha entregá-los uma vez por semana. Mais tarde vim a saber que era a colônia daquele espaço espiritual que os enviava.

Um mês passou rápido. Trigo veio até mim.

– Vandi, acabou seu prazo. Cumpriu direitinho o combinado.

Fiquei pensando no que ia fazer quando saísse daquele lugar. Ir embora para onde? Estava gostando dali, pois naquele mês senti-me muito bem e feliz. Falei àquele que fora responsável por mim.

– Trigo, será que posso ficar mais tempo aqui? Gostei de trabalhar.

– Que bom ouvir isto. Claro que pode.

Entendi o porquê de os mentores daquele grupo fazerem a troca que fizeram comigo: um favor por um mês de trabalho. Muitos como eu, após o período de trabalho, passavam a amar aquele lugar e a fazer o bem. Dava-nos uma alegria que desconhecíamos. Assim mudava em muitos a forma de pensar e agir. Sou muito grato a todos esses trabalhadores pelo carinho com que me trataram, e por terem me ensinado a fazer o bem.

Assim fiquei por ali dois anos. Escutando bons conselhos, tive remorso por ter assassinado aquele policial. Com ajuda de Trigo fomos procurá-lo, encontrando-o a vagar no seu ex-lar terreno, e o levamos para o terreiro, onde o ajudamos e orientamos. Pedi-lhe perdão e ele me perdoou, preferindo ser levado para a colônia. Embora eu fosse o assassino e ele a vítima, muitos fatores são levados em conta para o nosso socorro. Eu pedi ajuda, busquei; ele não, revoltou-se. Fiquei muito feliz em ser perdoado e ter ajudado esse desencarnado.

Andando pela favela, vi com tristeza muitos jovens e crianças se drogando e entrando para os bandos. Sonhava em fazer algo de bom a eles. Mas também vagavam por ali muitos desencarnados ruins e trevosos. Formavam outros bandos que, por afinidade, se ligavam aos encarnados. Estes tudo faziam para incentivar os encarnados ao mau caminho. E os encarnados ouvem o que querem ouvir, ligam-se aos que com eles se afinam.

Comecei a pensar seriamente em trabalhar, ajudando essas crianças. O encarnado alto que me curou, era um dos mentores daquele local. Era muito bom e, quando ficou sabendo dos meus sonhos, chamou-me para uma conversa.

— Então, Vandi, você está querendo ajudar os encarnados?

— Estou querendo, sim senhor, principalmente as crianças e os jovens. Queria orientá-los para que não seguissem o mau caminho. Mas não sei como.

— Quando chegou aqui não sabia fazer nada, lembra? Aprendeu. Para fazer o que quer, tem que aprender. Aqui não temos como ensiná-lo. Mas os desencarnados que aqui vêm trazer alimentos e remédios, moram em locais onde há escolas que ensinam. Se você quiser é só pedir e eles o levam.

— Agradeço, mas preciso pensar.

Por dias fiquei a pensar e a me indagar: "Será que vou?". Resolvi que sim. De fato, pedi e eles me levaram para a colônia. Encantei-me com a beleza da cidade espiritual. Fui estudar e, numa excursão à Colônia A Casa do Escritor[23], conheci Antônio Carlos.

Após uma belíssima palestra com que este escritor nos agraciou, saíram todos; eu, porém, fiquei.

— Caro jovem, não vai sair? — indagou-me Antônio Carlos.

— Vou sim, é que o admiro. O senhor deve ter sido muito bom quando encarnado, não é? Não deve ter cometido erros.

Antônio Carlos sorriu.

— Poucos espíritos terrenos não tiveram erros. Não me julgue melhor do que você. Errei muito. Errei, sofri, aprendi e tenho feito o propósito firme de não errar mais.

— Pensei, ao ouvi-lo, que estava isento de erros.

— Por que teve essa impressão? — indagou Antônio Carlos.

— Fala com tanto amor, e me pareceu que era um servo de Jesus! Trabalhava em nome de Jesus?

---

23 – Colônia belíssima e tão bem descrita no livro *A Casa do Escritor*, pela jovem talentosa Patrícia. São Paulo: Petit Editora (N.A.E.).

— Vandi, bem poucos são dignos de trabalhar em nome de Jesus. Trabalham todos os que têm boa vontade por misericórdia. Sim, trabalho em nome de Jesus e alegro-me muito com isto. Aprendo a amar e este amor tem sido a seta no meu caminho.

— Às vezes penso que estou sendo ousado querendo fazer o bem. Errei tanto...

— Como fico feliz em ver uma pessoa mudar para melhor — falou Antônio Carlos sorrindo. — Você errou, e certamente não quer mais errar. Quer servir e conseqüentemente deixar de ser servido. Porque, Vandi, todos nós já erramos, o importante é tirar lições dos erros e querer acertar. Ter vontade de servir, deixando o comodismo de querer ser servido. Porque é nosso dever fazer o bem, é o dever de todos. E, para fazê-lo com melhor proveito, é melhor aprender. Muitos preferem por comodismo, egoísmo, que outros façam o que lhes cabe. Isso acontece com encarnados e desencarnados. Muitos ociosos preferem ser mendigos da ajuda de outros, mendigos espirituais, de favores de encarnados e de desencarnados. Esquecem que não devem só pedir, mas também contribuir, ajudar, e passar de servido a servidor. Ao vê-lo todo entusiasmado, aprendendo para servir, fico alegre. Porque sei com antecedência que será mais um servo de Jesus a auxiliar a muitos.

— Eu, servo de Jesus?! — espantei-me.

— Sim — continuou elucidando-me Antônio Carlos. — A partir do momento que deixou de ser servido e passou a servir ao bem, é um servo, e certamente muito amado, de Jesus. Não importam seus erros do passado, e sim o presente, que constrói seu futuro. Lembre-se, Vandi, de que o que aprender servindo, será um tesouro que a traça não rói.

— Logo estarei apto a voltar à favela e trabalhar com crianças e jovens encarnados, motivando-os a seguir o caminho do bem. Não será fácil minha tarefa. Mas estarei sempre alegre por ter tido oportunidade de reparar meus erros com trabalho edificante.

— Oportunidades todos temos, basta que aproveitemos! Desejo-lhe êxito!

Antônio Carlos sorriu, dando-me confiança. Sim, oportunidades todos temos, e que vitória alcançamos quando entendemos e deixamos de ser servidos para servir o bem.

Mas antes de se despedir, Antônio Carlos disse-me:

— Vandi, você deve ter uma história interessante. Talvez, se escrevesse aos encarnados, pudesse servir de exemplo e incentivo a todos. Se você mudou, todos podem mudar para melhor e fazer o bem, porque é agora o momento.

— Eu? Ditar a encarnados! Por meio de um médium?

— Sim.

— Acho que não dá certo, não tenho jeito — respondi.

— Se você escrever e me der, ditarei aos encarnados.

E então fiz, foi uma redação rápida que entreguei ao escritor, para que ele ditasse aos seus leitores.

* * *

Assim, eu, Antônio Carlos, conheci Vandi e vim a ter conhecimento de sua história.

Fim

QUANDO O PASSADO NOS ALERTA

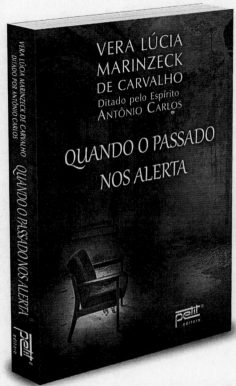

Vera Lúcia
Marinzeck de
Carvalho
ditado por
Antônio Carlos

Romance
16x23 cm
256 páginas

Num feriado, a família viaja para as montanhas. Elias, entediado, deixa a esposa e os filhos no hotel e sai para pescar. Perde-se no caminho e, ao ver uma ruína, curioso, entra no lugar. Aí é que tudo acontece... Elias recorda que já viveu nessa antiga pousada, Águia Dourada. Saudoso, lembra do grande amor de sua vida, dos encontros e desencontros. Vê e escuta um espírito que lhe é agradecido e que tenta mostrar a ele que está agindo errado, repetindo os mesmos erros de outrora. Ele é encontrado um dia depois, e nada justifica não ter conseguido sair das ruínas. De volta para casa, Elias procura e encontra explicações sobre o que aconteceu com ele. Você, amigo leitor, ao ler este livro, entenderá os muitos porquês de fatos que ocorrem conosco. Somos realmente herdeiros de nós mesmos. Porque o passado pode realmente nos alertar.

boanova@boanova.net | www.boanova.net | 17 3531.4444

Levamos o livro espírita cada vez mais longe!

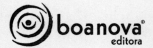

Av. Porto Ferreira, 1031 | Parque Iracema
CEP 15809-020 | Catanduva-SP

www.**petit**.com.br
www.**boanova**.net

petit@petit.com.br
boanova@boanova.net

17 3531.4444

17 99777.7413

Siga-nos em nossas redes sociais.

@boanovaed   boanovaeditora

CURTA, COMENTE, COMPARTILHE E SALVE.
utilize #boanovaeditora

Acesse nossa loja   Fale pelo whatsapp